La blessure d’abandon

Révision : Maryse Barbance
Correction : Anne-Marie Théorêt
Infographie : Marie-Josée Lalonde

Catalogage avant publication de Bibliothèque et Archives nationales du Québec et Bibliothèque et Archives Canada

Dufour, Daniel

La blessure de l'abandon : exprimer ses émotions pour guérir

1. Perte (Psychologie). 2. Émotions - Aspect physiologique. 3. Esprit et corps. 4. Solitude. I. Titre.

BF575.D35D83 2007 155.9'3 C2007-941652-7

09-12

Dépôt légal : 2007
Bibliothèque et Archives nationales du Québec

ISBN 978-2-7619-2432-0

DISTRIBUTEURS EXCLUSIFS :

- Pour le Canada et les États-Unis :
  MESSAGERIES ADP*
  2315, rue de la Province
  Longueuil, Québec J4G 1G4
  Tél. : 450 640-1237
  Télécopieur : 450 674-6237
  * filiale du Groupe Sogides inc.,
  filiale de Québecor Média inc.

- Pour la France et les autres pays :
  INTERFORUM editis
  Immeuble Paryseine, 3, Allée de la Seine
  94854 Ivry CEDEX
  Tél. : 33 (0) 4 49 59 11 56/91
  Télécopieur : 33 (0) 1 49 59 11 33
  Service commandes France Métropolitaine
  Tél. : 33 (0) 2 38 32 71 00
  Télécopieur : 33 (0) 2 38 32 71 28
  Internet : www.interforum.fr
  Service commandes Export - DOM-TOM
  Télécopieur : 33 (0) 2 38 32 78 86
  Internet : www.interforum.fr
  Courriel : cdes-export@interforum.fr

- Pour la Suisse :
  INTERFORUM editis SUISSE
  Case postale 69 - CH 1701 Fribourg - Suisse
  Tél. : 41 (0) 26 460 80 60
  Télécopieur : 41 (0) 26 460 80 68
  Internet : www.interforumsuisse.ch
  Courriel : office@interforumsuisse.ch
  Distributeur : OLF S.A.
  ZI. 3, Corminboeuf
  Case postale 1061 - CH 1701 Fribourg - Suisse
  Commandes : Tél. : 41 (0) 26 467 53 33
  Télécopieur : 41 (0) 26 467 54 66
  Internet : www.olf.ch
  Courriel : information@olf.ch

- Pour la Belgique et le Luxembourg :
  INTERFORUM BENELUX S.A.
  Fond Jean-Pâques, 6
  B-1348 Louvain-La-Neuve
  Téléphone : 32 (0) 10 42 03 20
  Fax : 32 (0) 10 41 20 24
  Internet : www.interforum.be
  Courriel : info@interforum.be

Gouvernement du Québec - Programme de crédit d'impôt pour l'édition de livres - Gestion SODEC - www.sodec.gouv.qc.ca

L'Éditeur bénéficie du soutien de la Société de développement des entreprises culturelles du Québec pour son programme d'édition.

Conseil des Arts du Canada **Canada Council for the Arts**

Nous remercions le Conseil des Arts du Canada de l'aide accordée à notre programme de publication.

Nous reconnaissons l'aide financière du gouvernement du Canada par l'entremise du Fonds du livre du Canada pour nos activités d'édition.

Dr DANIEL DUFOUR

La blessure d'abandon

Exprimer ses émotions pour guérir

LES ÉDITIONS DE L'HOMME
Une société de Québecor Média

Introduction

Pourquoi se pencher sur le thème de l'abandon alors que tant d'autres pourraient aussi bien parler de l'être humain, de ses souffrances mais aussi de sa beauté et de sa capacité d'amour ? Tout simplement parce que durant mes vingt ans de pratique de la médecine en cabinet privé, l'abandon m'est apparu comme l'une des causes les plus courantes du mal-être et du mal de vivre chez mes patientes et patients. Avant cela, mon activité au sein des différentes organisations pour lesquelles j'avais œuvré en tant que chirurgien de guerre puis médecin m'avait confronté aux ravages de la guerre et de l'intolérance. J'avais vu des personnes perdre leurs parents ou leurs enfants, des gens déplacés de force, d'autres emprisonnés pour des raisons politiques, des lépreux également, exclus de leur milieu familial, des minorités religieuses et ethniques, enfin, rejetées et persécutées par le pouvoir en place. Je mis pourtant très longtemps à comprendre certaines réactions de la plupart de ces gens, des réactions qui me semblaient à la fois curieuses et qui étaient pourtant tellement humaines ; je mis très longtemps à comprendre qu'ils avaient été victimes d'abandon et que c'est de cela qu'ils continuaient à souffrir dans leur vie quotidienne.

Il est évident que la souffrance des autres fait résonner certaines choses en soi, et j'ai bien dû constater que je souffrais moi-même d'abandon, même si rien jusque-là dans ma vie ne m'avait amené à cette conclusion, probablement parce que je me contentais de regarder les circonstances et les faits de l'extérieur.

La simple observation des attitudes, des comportements et des réactions de l'autre suffit souvent à nous convaincre que celui-ci souffre du fait d'avoir été abandonné. Je suis surpris de constater la fréquence de cette « pathologie », je suis tout aussi surpris d'en constater les origines multiples et de voir que, la plupart du temps, les personnes qui en souffrent en sont inconscientes. Dans le cadre de ma pratique privée, je parle très rarement de l'abandon et le nomme peu ; les mots ne sont en effet pas l'essentiel. À mes yeux, l'écoute, la compréhension du cœur, l'empathie, l'ouverture d'esprit et l'absence de jugement sont bien plus importantes que les mots vis-à-vis de la souffrance. Ainsi, depuis vingt ans, ai-je vu bien des patientes et des patients parvenir à guérir de leur sentiment d'abandon sans même avoir eu conscience qu'ils souffraient de cette pathologie : ils ont simplement réalisé qu'ils n'avaient pas été aimés comme ils auraient aimé l'être dans leur vie. Et s'ils ont réussi à guérir, c'est qu'ils ont adopté une certaine manière d'être et de faire qui constitue le sujet de ce livre.

Cette manière d'être est la raison essentielle pour laquelle j'ai eu envie d'écrire et de parler de ce sujet, non point afin de rendre « malades » les personnes qui ne se rendent pas compte qu'elles souffrent d'avoir été abandonnées un jour (de toute façon, ces personnes-là ne liront pas ce livre !), mais afin d'aider et d'accompagner celles qui réalisent que quelque chose ne va pas bien dans leur vie personnelle ou dans leur vie sociale ; aider et accompagner celles et ceux qui se trouvent confrontés de façon répétitive aux mêmes peurs et aux mêmes réactions intérieures et extérieures tant dans leur vie privée que dans leur vie professionnelle.

C'est la tâche essentielle à laquelle je vous convie, en vous demandant de bien garder à l'esprit que *seule la personne souffrante est capable d'effectuer le travail qui lui permettra de guérir,* et que le moyen qui se trouve à sa disposition ainsi que la finalité de son parcours sont pour elle les mêmes que pour tout autre être humain : l'Amour.

Chapitre 1

Les origines de l'abandon

Abandon, névrose d'abandon, rejet : quelques repères

Les mots ne sont jamais innocents et, pour autant qu'on veuille bien y prêter attention, on réalise qu'ils sont porteurs d'une grande signification quant à la matière dont ils définissent les êtres et les choses. Le mot « abandon » est d'origine germanique et signifie « au pouvoir de » ; quant au verbe qui en découle, « abandonner », il renvoie à « laisser à bandon », expression de vieux français qui signifie qu'on laisse au pouvoir de quelqu'un d'autre, ou de personne, la chose, le pouvoir ou l'individu dont il est question. La notion de « laisser au pouvoir de l'autre » est au cœur de l'abandon et illustre bien ce que le paysan du Moyen Âge faisait lorsqu'il devait renoncer à ses récoltes au profit du suzerain tout-puissant dont il cultivait les terres. Le verbe « abandonner » signifie également quitter, cesser de s'occuper, rejeter, exclure, écarter, repousser, éjecter... La définition du mot « abandon » donnée par *Le Petit Larousse illustré* est : « Fait d'être délaissé, négligé[1]. »

Laisser à l'abandon signifie donc laisser sans soin, en désordre ou sans protection; les terres laissées en friche sont des terres laissées à l'abandon. Cet état peut se comparer à l'état d'abandon dans lequel une personne peut se retrouver: laissée sans soin, négligée, parce que l'autre se désintéresse d'elle. Étymologiquement, le mot « abandon » comprend le mot « ban » qui, toujours au Moyen Âge, désignait le territoire soumis à la juridiction d'un suzerain. Ce terme est encore utilisé de nos jours en France, en Alsace notamment, pour parler des terres situées sur le territoire d'une commune. L'abandonné est donc celui qui est mis « hors du ban », c'est-à-dire hors du territoire de la commune, donc qui n'appartient pas à la communauté ou n'est pas reconnu par elle comme faisant partie des siens. Autrement dit, il est « mis au ban », c'est-à-dire déclaré indigne par la société; il est « banni », interdit de séjour. C'est ce que l'enfant abandonné éprouve: il se sent exclu du cercle familial, mis au ban de la société.

Se pencher sur le mot « banlieue », dans lequel nous retrouvons le « ban », permet de comprendre ce que les habitants des banlieues peuvent éprouver: le sentiment d'être éloignés, mis à distance du centre, éventuellement bannis par l'autre partie de la société, celle qui habite au centre-ville. Certains n'hésitent pas à parler de « l'état d'abandon » dans lequel certaines banlieues se trouvent, et beaucoup de banlieusards se sentent victimes d'un abandon collectif organisé par la frange de la société possédant le pouvoir et l'argent. Ce qui se passe dans certaines des banlieues particulièrement délaissées par le pouvoir public, en France et ailleurs, correspond parfaitement, au niveau collectif, à ce que nous allons décrire sur le plan individuel.

Le sentiment d'abandon

Se sentir abandonné par son mari, sa femme, son enfant, sa mère, son père, sa communauté ou ses amis signifie se sentir isolé, laissé à soi-même. Il est important de souligner que ce sentiment n'est pas une émotion, et qu'il peut être plus ou moins bien supporté suivant la personne. Quand il est mal supporté, le sentiment d'abandon se traduit par une série de manifestations physiques et psychiques pouvant aller du simple serrement de cœur à l'anxiété, de la dépression à l'agressivité. Mais ce sont le renoncement à soi et le repli sur soi-même qui prédominent avant tout. La personne éprouvant un sentiment d'abandon va se sentir « mise au ban », autant dire indigne ; les mots « forban » ou « bandit », qui ont en commun le « ban », sont une expression de ce que l'abandonné ressent souvent : de la culpabilité et un grand sentiment de dévalorisation de lui-même. De cette dévalorisation, même si celle-ci ne consiste qu'en une façon de voir les choses issues de son mental, il déduit qu'il n'est pas digne d'être aimé. J'indiquerai ici que, par « le mental », *je désigne tous les barrages* que nous établissons pour nous protéger des souffrances qui nous sont infligées par le monde extérieur, y compris la souffrance inhérente à l'abandon. Je reviens sur ce point ci-après[2].

La névrose d'abandon

En psychiatrie, la névrose d'abandon désigne l'ensemble des troubles présentés par un abandonnique. Jean Laplanche et J.-B. Pontalis, psychanalystes, écrivent : « Terme introduit par des psychanalystes suisses (Charles Odier, Germaine Guex) pour désigner un tableau clinique où prédominent l'angoisse de l'abandon et le besoin de sécurité. Il s'agit d'une névrose dont l'étiologie serait œdipienne. Elle ne correspondrait pas nécessairement à un abandon subi dans l'enfance. Les sujets présentant cette névrose sont nommés abandonniques[3]. » Cette entité est encore définie de la façon suivante : « Sentiment et état psychoaffectif d'insécurité permanente, liés à la crainte irrationnelle d'être abandonné par ses parents ou ses proches, sans rapport avec une situation réelle d'abandon[4]. » Il y aurait chez les abandonniques un fond d'avidité affective insatiable qui serait inscrit dans les gènes et en quelque sorte inné. Cette avidité affective produirait un mélange d'angoisse, d'agressivité réactionnelle (exigences, mise à l'épreuve de l'autre pour s'assurer de son intérêt, attitudes sadomasochistes) et de dévalorisation de soi se traduisant par: «Je ne suis pas aimé parce que je ne suis pas aimable»; et elle aboutirait à ce que d'aucuns appellent une «mentalité catastrophe». J'utilise sciemment le conditionnel, car les avis des auteurs diffèrent à ce point que les définitions se contredisent les unes les autres.

Comme souvent, les définitions scientifiques sont obscures; essayons d'y voir plus clair en recourant à des termes plus simples. Fondamentalement, la définition de l'abandonnique sous-entend que celui-ci, de par sa nature profonde, est en proie à un *besoin affectif insatiable*; elle sous-entend également que c'est l'impossibilité de satisfaire ce besoin qui provoquerait chez lui des troubles divers, tels que des angoisses et des réactions agressives, entraînant à leur tour une autodévalorisation qui déboucherait par la suite sur la fameuse mentalité catastrophe. Cette dernière notion désigne l'ensemble des troubles dits «anormaux» et «pessimistes» dont souffre l'abandonnique: tendances à voir la vie en noir, ne pas croire en la beauté des choses et des gens, par exemple. Cette définition reprend une idée de fond de la psychologie: l'être humain qui souffre est anormal et, parce qu'il est «hors norme», il développe un ensemble de symptômes appelés un «syndrome» qui sont la preuve de son anormalité; il va donc falloir s'attaquer de front à ces symptômes afin de faire en sorte que la personne souffrante rentre de nouveau dans le moule, c'est-à-dire dans les normes... La souffrance est ainsi perçue comme un signe indiquant que nous sommes hors de la norme telle qu'elle est définie par «la société» et «la science», plutôt que comme un signe envoyé par notre corps pour attirer notre attention sur quelque chose que nous nous empêchons de vivre ou de faire. Du même coup, la souffrance n'est plus de la souffrance: elle devient l'attitude pathologique d'un individu présentant des troubles de la personnalité. C'est ainsi que, par un tour de passe-passe, un être souffrant se voit traité comme un être anormal, ce qui ne peut que renforcer l'opinion médiocre qu'il a déjà de lui-même! Une autre définition illustre parfaitement ce qui vient d'être énoncé: le syndrome de l'abandonnisme est «essentiellement la conséquence d'une carence de soins maternels qui se traduit soit par de mauvais traitements, soit par de l'indifférence. Celle-ci étant aussi pathogène que ceux-là...[5] », écrivent Serge Revel et Chantal Lacomme. Ils ajoutent que l'abandonnisme peut entraîner une dépression sévère. Comme je ne désire pas participer à cette façon de considérer l'être humain, je vais essayer d'aborder autrement la question de la souffrance, en posant pour point de départ que toute souffrance est le fait d'un être unique et que celui ou celle qui souffre n'est pas d'entrée de jeu « anormal ».

Le rejet

Voilà un autre mot souvent utilisé et même préféré par certaines personnes. Pour d'autres, il est synonyme d'abandon. Il ne désigne pas non plus une émotion, mais il induit toute une gamme de sentiments et de sensations très proches de celles provoquées par l'abandon et qui y sont superposables.

Pour d'autres auteurs, le rejet serait plus dur à vivre que l'abandon, car il consisterait en un acte plus violent ; celui ou celle qui rejette aurait en effet une attitude active, absente dans l'abandon. Ainsi, l'abandon serait plus passif que le rejet. Cette différence met en évidence le fait que dans l'abandon aussi bien que dans le rejet il existe deux partenaires qui sont indissociables et sans lesquels l'abandon ou le rejet n'existeraient pas : celui ou celle qui commet l'acte d'abandonner ou de rejeter l'autre et celui ou celle qui subit cet acte. De même qu'il ne peut y avoir de victime sans bourreau, il n'y a pas de personne abandonnée ou rejetée *sans une autre personne* qui l'abandonne ou la rejette. L'enfant que sa mère remet à l'assistance publique dès sa naissance, tel l'enfant né sous X en France, est-il rejeté ou abandonné par celle-ci ? À mes yeux, peu importe qu'il soit abandonné ou rejeté, dans les deux cas il éprouvera un sentiment d'abandon ou se sentira rejeté et il souffrira. C'est pourquoi, même si la nuance faite par certains valait la peine d'être soulignée, il me semble difficile de la retenir comme étant essentielle lorsque nous nous attachons à ce qui est ressenti et aux conséquences qui en résultent. Dans cet ouvrage, j'utiliserai donc plutôt le mot abandon que celui de rejet. Mais, de grâce, que celles et ceux qui tiennent absolument au mot rejet plutôt qu'à celui d'abandon ne se sentent pas rejetés !

Nous avons souligné que le sentiment d'abandon ou de rejet n'est en aucun cas une émotion. Il existe en effet trois grandes familles d'émotions : les joies, les tristesses et les colères. Les peurs et la culpabilité ne sont pas des émotions bien qu'elles se manifestent par des tensions importantes et physiquement très palpables. Elles ne sont que des créations de notre mental, comme nous le verrons plus loin.

Une émotion n'est ni normale ni anormale ; elle n'est ni bonne ni mauvaise ; elle est illogique et échappe à tout système de classification ; elle ne produit aucune souffrance par elle-même ; elle n'a pas à être jugée par qui que ce soit, ni par la personne qui la ressent et encore moins par une personne extérieure. Une émotion est naturelle, elle EST, un point c'est tout, et elle est la vie. Ce qui crée la souffrance, ce n'est pas l'émotion, mais le blocage de l'émotion imposé par le mental ; soit le blocage de la *reconnaissance* de l'émotion, soit encore le blocage de ce qui peut être *ressenti* de l'émotion, soit enfin le blocage de l'*expression* de l'émotion. En fait, c'est notre mental qui est le grand responsable de notre mal-être, non l'émotion. Or, notre mental, comme nous le verrons, est le fruit de notre éducation ; ses points de référence sont la normalité, la société, en bref, les autres. Au contraire, les points de référence de la personne considérée dans son entier devraient être la nature profonde de l'être, son bagage inné, son noyau intérieur. Le bébé qui vient de naître n'a aucun point de repère en dehors de ceux qui viennent d'être cités ; il ressent et exprime naturellement ses émotions de joie en gazouillant, ses tristesses en pleurant à grosses et chaudes larmes, et ses colères en criant, en serrant et en agitant ses petits poings. Il n'y a pas de violence en lui et il n'est pas violent envers les autres ; à ce stade, son mental n'existe pas encore, il ne s'est pas développé. Le bébé ne peut donc pas discerner le bien du mal ; *il se contente d'être,* totalement immergé dans le moment présent avec ses émotions et son savoir inné. L'enfant a des émotions et les vit le plus naturellement du monde, sans faire aucun jugement de valeur. Puis, au fur et à mesure qu'il grandit et reçoit une éducation, son mental se construit et prend de l'importance : l'enfant apprend à juger, à classifier, à comparer la réalité qui l'entoure aux normes existantes. C'est à ce moment-là que les jugements de valeur voient le jour et que les tensions apparaissent : ce que je ressens ou ce que l'autre ressent est anormal, mauvais, illogique...

Nous savons bien que si une émotion nous habite, penser qu'elle ne devrait pas se trouver là est certainement une belle et louable pensée, mais ne change rien au fait que cette émotion est là, et bien vivante ! Nous pouvons regretter de la ressentir, mais cela ne la fait pas disparaître pour autant. Nous pouvons rêver du jour où nous ne ressentirons plus ce genre d'émotion, mais nous devons nous rendre à l'évidence que ce jour n'est pas encore venu. Nous pouvons également nous dire que nous allons nous inscrire à des stages afin de ne plus ressentir que de belles choses – eh oui ! il existe des stages et des personnes capables de vendre de telles illusions ! –, en attendant, nous sommes ici et maintenant aux prises avec nos « vilaines émotions ».

Sachant que nos émotions sont naturelles, illogiques et que les bloquer provoque de la tension et de la souffrance, pourquoi nous compliquer la vie en essayant de faire autre chose que de nous laisser aller à les accepter et à les vivre ? À quoi cela sert-il de comprendre si c'est pour ne rien vivre ? Lorsque nous nous autorisons à vivre ces émotions, notre corps nous donne tout de suite une information capitale : une détente physiquement très palpable nous envahit, signe que nous sommes sur la voie du respect de nous-mêmes et que notre mental a cessé de s'interposer pour un temps. Ce qui dit bien que le sentiment d'abandon, ou de rejet, n'est en rien une émotion puisqu'il se manifeste par des tensions et non par une détente ; une émotion vécue, au contraire, se traduit par une détente.

De l'« abandonnite » à l'abandon originel

Il existe un flou artistique important dans les textes, ainsi que nous l'avons indiqué : les définitions se mêlent aux jugements de valeur, si bien que l'on perd de vue les souffrances réelles vécues par celle ou celui qui a été l'objet d'un abandon. Nous avons vu aussi que la définition actuelle ne peut nous satisfaire, car elle repose sur un raisonnement normatif inacceptable. Pour faire face à cette imprécision conceptuelle et à cette déviation du raisonnement, je me propose de créer le terme *abandonnite* : un néologisme qui désigne à la fois le sentiment d'abandon et les troubles physiques et psychiques, multiples et divers, éprouvés par la personne souffrant d'abandon, de rejet ou d'exclusion. Ce terme traduit la souffrance de celui qui, à tort ou à raison, se sent abandonné. Il n'a aucune connotation morale, il n'est ni négatif ni positif ; il est simplement le nom donné à une entité qui, comme nous allons le découvrir, est vaste et diversifiée ; il ne réfère pas à une norme (ou normalité) de l'Être ; chaque être étant unique, définir une norme, comme beaucoup essayent de le faire, m'apparaît comme une illusion, une tentative regrettable visant à limiter la personne humaine à un ensemble de traits et de réactions définis par un groupe de pouvoir – les médecins et les thérapeutes – afin de conserver leur pouvoir...

À l'origine de l'abandonnite, il y a toujours un abandon vécu. Cet épisode a eu lieu soit pendant la vie fœtale, soit au cours de la prime enfance ou l'enfance. Hormis les abandons liés à l'exil, à la guerre, à la maladie ou la vieillesse, il est rare que le premier abandon ait lieu durant la vie adulte. Ce qui n'empêche pas beaucoup d'adultes confrontés à une séparation de penser que celle-ci est à l'origine de leur souffrance ; jusqu'au moment où ils réalisent que la souffrance extrême qu'ils éprouvent aujourd'hui a son origine dans un abandon qu'ils ont vécu bien avant.

Très souvent, cependant, le souvenir de cet épisode premier n'est plus conscient chez la personne souffrant d'abandonnite. Très souvent aussi, cette personne qualifie de « normal » l'épisode traumatisant et ne l'associe pas forcément à un véritable abandon. Ainsi s'empresse-t-elle d'oublier ou de nier le traumatisme initial en le minimisant ou en le normalisant. Très souvent enfin, la personne souffrant d'abandonnite trouve que ce qu'elle ressent est disproportionné par rapport à l'événement vécu.

Prenons l'exemple de Virginie, âgée de 24 ans. Cette dernière vit dans la peur d'être quittée par son ami actuel. La psychologue qu'elle consulte lui a dit qu'elle souffrait de « dépendance affective ». Mais ce merveilleux diagnostic étant posé, il n'aide en rien Virginie à progresser vers le mieux-être malgré de multiples consultations. Elle se demande donc ce qu'elle pourrait faire pour aller mieux. Le diagnostic psychologique ou médical, qui découle d'une analyse intellectuelle des symptômes, ne résout en effet rien sur le plan de la souffrance vécue : Virginie comprend qu'elle ne devrait pas éprouver les peurs qu'elle éprouve, mais elle n'arrive pas à se raisonner ; elle comprend qu'elle devrait avoir davantage confiance en elle, mais elle n'y parvient pas ; le recours à la pensée positive et aux mesures thérapeutiques de nature cognitivo-comportementale prônées par sa psychologue ne la soulage pas...

À la première consultation, d'entrée de jeu, Virginie me fait le résumé de tout le travail effectué avec sa psychologue. Elles sont remontées dans le temps, ce qui a permis à Virginie de réaliser qu'elle a peur d'être quittée depuis qu'elle a des relations affectives avec l'autre sexe ; soit l'autre est effectivement parti, soit c'est elle qui l'a quitté, raconte Virginie. Elle a analysé ses relations avec son père, qui sont excellentes, et n'a rien à reprocher à celui-ci ; ses relations avec sa mère sont harmonieuses et paisibles. Pourquoi vient-elle me consulter ? Parce qu'elle désire guérir de « cette dépendance affective maladive » dont elle souffre depuis l'adolescence.

En effectuant un travail sur ses émotions, Virginie remonte à une violente colère provoquée par l'événement suivant : à sa naissance, sa mère, qui était tombée malade, avait dû être éloignée d'elle afin de ne pas la contaminer ; Virginie avait donc été placée en couveuse. C'est en suivant le fil de ses émotions, au lieu de se fier à son mental, que Virginie a réussi à remonter à cet événement traumatique initial et surtout à retrouver la colère liée à celui-ci. Nous verrons toute l'importance de cette démarche qui n'a rien à voir avec la démarche psychologique évoquée précédemment et qui est beaucoup plus « performante » que cette dernière.

Bien entendu, Virginie, ressentant sa violente colère, a immédiatement dit qu'elle ne pouvait être en colère contre sa mère et son père, que ses parents ne pouvaient pas être tenus pour responsables de ce qui était arrivé, que tout cela était peut-être regrettable, mais que c'était du passé et qu'il fallait simplement l'oublier. Bref, le mental de Virginie, son « petit vélo », comme je l'appelle aussi, qui avait déjà bien travaillé par le passé, poursuivait son œuvre afin de minimiser la portée de l'événement malheureux. Néanmoins, c'est parce que Virginie s'est permis de ressentir et d'exprimer l'émotion liée à cet événement qu'elle a pu retrouver une sérénité dans ses relations avec les autres et guérir de l'abandonnite dont elle souffrait. J'ai résumé intentionnellement cette histoire, mais il ne faudrait pas croire que la démarche de Virginie n'ait duré que quelques heures. Il lui a fallu plusieurs mois...

L'abandon originel est souvent considéré comme anodin par celui qui souffre d'abandonnite ; tellement anodin que la plupart du temps il n'est plus présent dans sa mémoire consciente. Lorsque cet événement remonte à la surface de la conscience de celui ou de celle qui l'a vécu, la conclusion est immédiate et quasi invariable : ce qui est arrivé, envisagé d'un point de vue rationnel, ne peut être la cause d'une telle colère, ou de toute autre émotion, quelle qu'elle soit ; et même en admettant le contraire, l'émotion apparaît de toute façon disproportionnée, donc « anormale » par rapport à ce qu'il serait normal de ressentir. En fait, tant qu'il reste dans une démarche d'analyse purement intellectuelle, l'individu ne comprend pas l'impact que cet événement a eu sur lui.

C'est ce qui arrive à Virginie quand elle fait le raisonnement suivant : d'une part, sa mère ne peut être tenue pour responsable d'avoir souffert d'une infection potentiellement dangereuse pour elle ; d'autre part, l'équipe médicale a eu parfaitement raison de la protéger en l'éloignant momentanément de sa mère ; qui plus est, sa mère et son père ont été autorisés à maintenir un contact visuel avec elle au quotidien ; la séparation n'a duré qu'un mois, après quoi Virginie a été entourée et aimée par ses parents ; par conséquent, pour quelle raison en voudrait-elle à ses parents ? De fait, aucun des motifs évoqués ne peut résister à une analyse « objective », et c'est bien là le plus grand problème auquel doit faire face la personne souffrant d'abandonnite comme Virginie : elle n'a aucune bonne raison de ressentir de la colère ou de la tristesse, ou quelque autre émotion que ce soit, envers ses parents qui ont fait tout ce qu'ils ont pu avec les moyens dont ils disposaient, notamment les moyens mis à leur disposition par la médecine. À partir du moment où il n'y a pas de logique à être triste ou en colère, il ne reste plus qu'à nier le droit de ressentir ces émotions. C'est ce que fait la personne souffrante, en admettant qu'elle ait conscience de l'événement initial. Et elle y est encouragée par son entourage familial ou amical : « Il ne sert à rien de ruminer le passé et d'en vouloir au manque de chance », lui dit-on ; pire, certains thérapeutes vont jusqu'à encourager la personne à minimiser l'importance de cet événement « banal » ou « qui ne mérite guère que l'on s'y arrête ». Cela dit, il faut bien reconnaître que, la plupart du temps, la personne ne se rappelle plus l'événement, car le barrage que son mental a construit remonte à fort longtemps, en général à la prime enfance. De plus, l'établissement de ce barrage lui a été salutaire et même vital, comme il l'est pour tout nouveau-né ou enfant placé dans la même situation.

Un abandon peut être aussi ressenti comme tel sans qu'il y ait eu de réel abandon. Cela signifie qu'il n'est pas nécessaire d'avoir été éloigné physiquement de ses parents pour ressentir l'abandon. Un enfant a en effet besoin d'amour afin de grandir de façon harmonieuse. Or, seul un amour inconditionnel peut renforcer chez lui le sentiment d'exister par lui-même et, par voie de conséquence, le sentiment d'être une personne importante et qui a de la valeur. L'enfant a donc besoin non seulement du soutien actif de ses parents, ou des personnes qui s'occupent de lui, sur le plan physique, car il est incapable de prendre soin de lui-même seul, mais également de leur soutien sur le plan psychologique, car leur amour est indispensable à sa psyché prise dans son sens large : l'âme. Tout événement le privant à plus ou moins long terme ou de façon plus ou moins importante de ces deux éléments conduit l'enfant à se dévaloriser. Bien entendu, les sévices physiques et les abus sexuels, malheureusement si souvent constatés, sont autant d'autres causes menant directement au sentiment d'abandon puis à l'abandonnite. Mais même un enfant qui ne fait pas l'objet de violences physiques, s'il est régulièrement rabaissé, traité d'imbécile ou de vaurien par ses parents, va développer le sentiment qu'il n'a aucune valeur et qu'on ne peut pas l'aimer : il est à ce point « nul » ; de même, un enfant délaissé ou ignoré par ses parents. Dans ces deux derniers cas, il n'existe pas de mauvais traitements physiques à proprement parler, mais les sévices psychiques sont intenses. Tous ces actes commis à l'encontre de l'enfant l'amènent à se sentir sans valeur et à se dévaloriser à son tour : il se convainc non seulement qu'il est un être sans importance, mais également qu'il est un être taré, limité, voire nuisible. Il finit par penser que ses parents ont raison de l'éloigner, de le mettre au ban du cercle familial, de le rejeter, de l'exclure. Cela est le terreau du futur abandonnique.

Que dire de l'« abandon originel » au sens biblique du terme ? Penser qu'il faut être puni pour avoir cédé à la tentation est éminemment judéo-chrétien. Certes, les croyants peuvent se sentir rejetés par ce Dieu qui ne leur porterait pas un amour inconditionnel, et l'on peut imaginer qu'ils développent une abandonnite pour cette raison. Ce qui reviendrait à dire que le monde judéo-chrétien dans son ensemble est profondément marqué par le péché et la punition originels. Les chrétiens seraient ainsi prédisposés à souffrir d'abandonnite par rapport aux croyants d'autres religions. Il ne semble pourtant pas que cela soit le cas : souffrir d'abandonnite n'est pas réservé aux sociétés judéo-chrétiennes, mais touche les individus de toutes les confessions, de toutes les races et de toutes les sociétés. Il est possible de penser à un autre abandon : celui provoqué par la section du cordon ombilical reliant le fœtus à sa mère. Aucun de mes patients n'est remonté à cet événement, alors que certains sont remontés à la vie fœtale ; il ne semblerait donc pas que la naissance, avec la coupure du cordon, soit ressentie comme un abandon en tant que tel. Par contre, la séparation physique qui peut suivre une naissance revient souvent, comme nous l'avons vu avec Virginie.

Que se passe-t-il chez le fœtus, le nouveau-né ou l'enfant victime d'abandon ?

Toute une série de recherches ont démontré que le fœtus de six mois est déjà un être qui a des émotions et une mémoire, que sa conscience est développée et que ses circuits neuronaux ont atteint le même stade de développement que lorsqu'il naît à neuf mois[6]. Ainsi, ce fœtus est-il neurologiquement « équipé » pour ressentir l'amour, ou l'absence d'amour, de ses parents dans l'utérus ; on sait par exemple qu'une mère en harmonie avec le père de l'enfant émet durant sa grossesse des messages apaisants et de bien-être qui sont perçus par le fœtus et qui favorisent son développement harmonieux sur le plan tant émotionnel que physique. Dans le cas contraire, le fœtus réagit au stress de la mère, notamment à son désir de ne pas avoir d'enfant, que ce désir soit ou non conscient[7]. Les enfants de mères qui ne les ont pas désirés, ou qui n'ont pas su leur transmettre leur amour *in utero,* encourent beaucoup plus de risques de souffrir de troubles émotionnels et physiques que ceux ayant été mis au monde par une mère qui les désiraient. Les médecins travaillant sur la régression[8] arrivent à des conclusions semblables : « Le fœtus peut sentir le manque de liens affectifs et d'amour de sa mère longtemps avant sa naissance », écrit Ingeborg Bosch Bonomo[9].

Le fœtus ressent donc le manque d'amour, un manque qui va se traduire par des troubles physiques et psychiques non seulement dans sa vie de nouveau-né, mais aussi dans sa vie d'enfant puis d'adulte. Certaines recherches ont même rapporté que les risques de décès chez les enfants non désirés par rapport à ceux qui sont désirés, sont deux fois plus importants durant le premier mois de la vie[10] ! Des atrophies cérébrales fronto-limbiques peuvent même apparaître chez des enfants se trouvant en situation de carence affective[11]. Dès les années 1960, des recherches faites sur des singes[12] avaient montré qu'un isolement affectif provoque une atrophie de l'aire fronto-limbique accompagnée d'une chute du taux de certaines hormones nécessaires au développement physique des enfants, ainsi que des modifications importantes du comportement de ces derniers qui se manifestent de différentes façons : désespoir, indifférence, attitude de retrait par rapport au milieu ambiant. Lorsqu'un très jeune enfant est séparé de sa mère ou de son père, il se trouve soudainement privé de stimuli sensoriels importants, ce qui empêche son cerveau limbique de se développer normalement. En fait, l'isolement affectif produit une atrophie du cerveau ; celle-ci ne résulte donc pas d'un décès effectif, mais de l'absence ou de la disparition d'une personne proche sur le plan affectif, et qui n'est pas remplacée. La situation affective s'apparente à celle d'un deuil sans que celui-ci ait de relation avec un décès physique[13]. L'absence affective d'un être proche est vécue par l'enfant comme un décès ou un départ. Non seulement il ressent des émotions identiques, mais les répercussions seront elles aussi les mêmes et elles induiront des malformations et des carences similaires. Il faut néanmoins souligner que les études scientifiques ont également montré que rien n'est systématique ni complètement déterminé ; au contraire, tout est plus ou moins réversible à la condition que l'enfant soit à nouveau entouré d'affection[14]. Il n'empêche qu'une absence ou un manque d'affection a des répercussions majeures sur le développement du fœtus et sur celui de l'enfant, sur le plan tant physique que psychologique.

Un nouveau-né désiré par ses parents mais mis en couveuse, comme nous l'avons vu pour Virginie, va également ressentir le manque d'amour, tout simplement parce qu'il sent qu'il est mis à l'écart pour une certaine période, que celle-ci soit courte ou longue. Ce qu'il est essentiel de souligner, c'est que le sentiment de manque n'a rien à voir avec la durée réelle de la séparation mais est déterminé par ce que ressent le nouveau-né. Pour l'adulte qui fait une analyse purement intellectuelle de la situation, la longueur « objective » de la séparation est un élément déterminant à partir duquel il est possible de dire si ce que ressent le nouveau-né correspond à une réaction « normale », mais la réalité est tout autre : qui peut dire quelle longueur de temps passée sans ses parents peut être considérée comme acceptable et ne justifie pas que l'on parle d'abandon ? Quels critères pourraient nous permettre de définir cette période de façon « scientifique » ? Lorsque nous nous mettons à l'écoute des personnes souffrantes, nous nous rendons compte que, dans la réalité de ce qu'elles ont vécu, le temps n'est absolument pas la valeur de référence. Telle personne parle de plusieurs jours, voire d'un mois, une autre de quelques heures ; le résultat est le même : ce temps a suffi pour déclencher chez ces personnes, quand elles étaient encore des fœtus ou des enfants, le sentiment qu'elles n'étaient pas aimées et qu'on les abandonnait. Pour cette raison, il vaut mieux rejeter les « normes » en tant qu'outil d'interprétation ou de compréhension du phénomène. Seul ce que la personne a vécu et ressenti, c'est-à-dire *sa réalité subjective,* importe, et c'est bien ainsi ! C'est donc cette réalité qui doit être prise en compte pour que cette personne puisse commencer un travail de guérison.

Se sentir mis à l'écart est indépendant non seulement du facteur temps, mais également du facteur intensité tel qu'il est défini par l'adulte. En ce sens, ce qui paraît peu intense à un adulte peut être perçu de façon fort différente par un fœtus, un nouveau-né ou un enfant. Prenons l'exemple d'une femme ou d'un homme n'étant pas à l'aise avec la tendresse et qui a des difficultés à prendre une autre personne dans ses bras ; un adulte pourra parfaitement comprendre cette personne, accepter ce qu'elle ressent et vivre avec elle. Il ressentira certainement un manque, mais la force de ce manque sera moins intense que celui ressenti par un nouveau-né ou un enfant, car l'adulte peut se raisonner. Il comprend en effet que la personne avec qui il vit, l'aime, mais qu'elle est handicapée quand il s'agit de l'exprimer par des gestes. Un nouveau-né, lui, ressentira un manque de chaleur, de contact physique, et l'intensité de ce manque risque fort d'être beaucoup plus importante que celle ressentie par l'adulte en pareille circonstance.

L'adulte à qui l'on fait le reproche de sa froideur a en général une réponse toute prête : il argue qu'il n'est pas démonstratif mais que cela ne l'empêche pas d'aimer, et même beaucoup ! le nouveau-né. Bien entendu, cela ne peut être mis en doute, mais si le nouveau-né s'est senti mis à l'écart, ce sentiment doit être considéré comme étant sa vérité ; une vérité qui n'est pas celle de l'adulte, mais qui doit primer lorsqu'il s'agit de s'attaquer au problème. Nous voyons ainsi de nouveau que seul le vécu de la personne, ici du nouveau-né, doit être pris en compte lorsqu'il s'agit de traiter les séquelles du manque d'amour.

Nous constatons le plus souvent que la vérité n'est pas une mais multiple. C'est la raison pour laquelle il faut se garder de juger dans un sens ou dans l'autre. Sans quoi, le dialogue ne pourra qu'être rompu entre l'adulte parent et l'enfant devenu adulte…

Ni le temps ni l'intensité de la séparation ne permettent de cerner l'abandon. Ils nous laissent avec la question essentielle de ce qui est ressenti : qu'éprouvent le fœtus, le nouveau-né et l'enfant lorsqu'ils sont écartés, rejetés, oubliés, mis de côté ? Pensons à la vérité vécue par ces derniers, non à celle de l'adulte parent. « De la tristesse », vont répondre la plupart des adultes ; mais observons un enfant que l'on éloigne d'un groupe d'enfants avec qui il désirait continuer de jouer : pleure-t-il à chaudes larmes ou trépigne-t-il de rage ? Il trépigne. La réponse est par conséquent : « de la colère », au moins dans un premier temps. Bien entendu, les deux émotions peuvent cohabiter, mais la colère prime. Tentons maintenant d'imaginer ce qu'un nouveau-né ressent lorsqu'il se sent rejeté, abandonné par les gens qui sont censés l'aimer, l'entourer, le nourrir et prendre soin de lui alors qu'il se trouve dans une dépendance totale vis-à-vis d'eux. Ce qu'il ressent est inévitablement d'une violence inouïe ! Essayons, juste un court instant, de nous mettre à la place de ce nouveau-né ou de l'enfant qui est confronté à cette réalité... Qu'aurions-nous envie de faire avec cet adulte ? Qu'aurions-nous envie de lui dire ? Aurions-nous envie de pleurer ou de hurler à cet irresponsable qu'il doit honorer son engagement : s'occuper de nous jusqu'au moment où nous serons en mesure de le faire par nous-mêmes, parce qu'il nous a mis au monde ? Désirerions-nous lui dire que nous lui pardonnons de ne pas s'occuper de nous correctement ? Pourrions-nous lui dire que nous le comprenons et que, par conséquent, il peut continuer ainsi ?

Ces deux dernières réactions, qui sont celles d'adultes bien-pensants, de thérapeutes irresponsables ou d'enfants ou d'adultes souffrant d'abandonnite, sont des mensonges et des tentatives pour nous cacher à nous-mêmes, adultes soi-disant responsables, une seule vérité : *l'abandon est tout simplement un meurtre, prémédité ou non* ; le corollaire étant *que l'enfant abandonné est victime d'une tentative de meurtre.*

Cette affirmation peut paraître provocatrice ou excessive. Certaines personnes me reprocheront de ne pas être dans la nuance. Alors essayons de l'étayer sans faire un procès d'intention à qui que ce soit, mais sans complaisance non plus.

Une femme tombe enceinte et ne désire pas l'enfant : dans certains pays, ceux où elle a la possibilité de subir une interruption volontaire de grossesse (IVG), elle pourra se mettre en accord avec elle-même en faisant pratiquer cette interruption. Certes, cet acte n'est pas facile à vivre et peut être discutable, mais dans la mesure où la femme est décidée et en accord avec elle-même, il n'y a aucune raison de la critiquer ; surtout à la lumière de ce que nous savons aujourd'hui des grossesses non désirées. Dans d'autres contrées, l'IVG n'étant pas légalisée, la femme enceinte devra se résoudre soit à employer des moyens peu recommandables, et souvent dangereux pour elle, afin de « faire passer » le fœtus, soit à le garder. Plaçons-nous dans le cas où cette femme, pour toutes sortes de bonnes ou de mauvaises raisons, garde le fœtus. Comme nous l'avons vu, ce dernier, dès l'âge de six mois, va ressentir le non-désir ou l'absence d'amour de sa mère. Le fœtus se trouve donc face à une femme adulte, qui l'a conçu avec un homme, tout aussi responsable bien entendu, mais qui n'assume pas ses responsabilités ; ces adultes tout-puissants sont éventuellement prêts à le nourrir, mais non à lui apporter la chaleur, les encouragements, l'amour qui lui sont pourtant nécessaires pour croître de façon harmonieuse, naître et grandir en tant qu'enfant puis devenir un adulte épanoui. Dans une société comme la nôtre, où tout le monde, ou presque, mange à sa faim, nourrir un nouveau-né ou un enfant qui ne peut le faire lui-même est certes un acte important mais ne peut être considéré comme étant d'une extrême générosité ; c'est un acte qui, à tout le moins, évite à l'adulte de se retrouver devant la justice ! Entraver, de façon consciente ou non, le développement harmonieux d'un enfant en l'abandonnant menace-t-il ou favorise-t-il sa survie ? Ignorer un enfant, le repousser, l'exclure, alors que ce dernier est totalement dépendant, ce qui revient à le diminuer sur le plan tant physique que psychique, est un acte d'une grande violence ; un acte grossier d'agression perpétrée par un bourreau adulte et tout-puissant, parfois plusieurs ! sur une victime n'ayant aucun moyen de se défendre. Ce comportement ne peut être assimilé qu'à une tentative de meurtre.

Revenons maintenant à la victime et essayons de voir ce que cette dernière va mettre en place afin de survivre face à une telle agression. Elle ressent une puissante colère, mais que peut-elle en faire ? Dans le cas du fœtus, rien ; le nouveau-né ou l'enfant, lui, va essayer de l'exprimer en criant, mais il va très vite comprendre que cela ne lui sert qu'à attirer les foudres de ceux-là mêmes qui dénient déjà son existence. Aussi va-t-il arrêter de manifester et faire en sorte d'être toléré par l'adulte ou les adultes qui l'entourent. Et c'est ainsi qu'il va se créer un système de protection intérieur qui va lui permettre de survivre ; ce système a un nom : le mental.

« Le mental » : définition

Il convient d'abord de souligner que le mental doit être différencié de la partie utile du cerveau. Celui-ci est en effet chez l'être humain un appendice très important qui le distingue – c'est en tout cas comme cela que l'homme l'entend ! – du reste du monde vivant : un organe excessivement complexe que la science, et notamment la neuroscience, commence à peine à découvrir, qui permet la réflexion, l'élaboration de projets, la construction d'idées, l'invention, et fait de nous des êtres pensants, évolués, créatifs et dotés d'immenses capacités que nous n'avons malheureusement exploitées que très partiellement à ce jour. C'est ce même cerveau qui nous permet de mémoriser les événements ; c'est ainsi que chaque événement de notre vie se voit stocké dans notre mémoire qui est capable de se souvenir de l'événement tel qu'il s'est passé (mémoire historique) mais aussi de l'émotion (ou des émotions) liée à cet événement (mémoire émotionnelle). Souvent, la mémoire émotionnelle prend le dessus sur la mémoire historique, et vice-versa. Il arrive aussi que les deux mémoires étant à notre disposition, nous donnions la prévalence à l'une des deux pour des raisons diverses ; cela explique que les souvenirs d'un même événement vécu par des personnes différentes varient souvent beaucoup de l'une à l'autre. Le cerveau nous permet aussi d'exercer notre volonté : j'ai le désir de bien me porter, ce qui me fait, par exemple, décider de bien me nourrir et de ne pas faire d'excès. Souvenons-nous simplement que, lorsque nous utilisons notre cerveau, nous ne ressentons aucune tension physique : bien au contraire, une petite excitation, un grand calme et une certaine sérénité règnent en nous.

Notre cerveau est aussi capable de nous aider à élaborer un projet dans le temps, sur deux ans par exemple. Dans ce cas, nous mettons notre cerveau au service de notre désir. Il se comportera ensuite de façon plus ou moins performante en fonction de nombreux facteurs : nos connaissances sur le sujet, notre niveau intellectuel, notre capacité de communication. Notre cerveau travaille *ici et maintenant* sur un projet futur en utilisant éventuellement des connaissances issues d'expériences passées enregistrées dans sa mémoire. Il ne peut travailler demain pas plus qu'hier ! Il *pourra* travailler demain (nous l'espérons !) tout comme il *a pu* travailler hier, mais *il ne peut élaborer un projet qu'au présent.* Notre cerveau, au même titre que nos mains, nos pieds, ou tout autre organe physique de notre corps, n'est fonctionnel que dans le moment présent. C'est pourquoi ce n'est que dans l'ici et maintenant que le contact peut se faire avec la mémoire émotionnelle. Ces précisions sont importantes afin de comprendre ce qui différencie le cerveau du mental.

Le mental, que nous pouvons aussi appeler l'ego, nous coupe de notre nature originelle. Le mental relève du monde des apparences, non de celui de l'Être. Il se manifeste de différentes façons dont la caractéristique est de toujours produire de la souffrance :

- Notre mental est ce qui *nous coupe du moment présent* :
  - il nous projette dans le futur, ce qui engendre une tension que nous ressentons physiquement et que nous appelons différemment, suivant son intensité, appréhension, manque de confiance en soi, peur, angoisse, phobie, panique ;
  - il nous entraîne dans le passé, ce qui induit une tension que nous ressentons physiquement et appelons regrets, remords, culpabilité.

- Notre mental *nous coupe également de nos émotions* :
  - il nous empêche de reconnaître que nous éprouvons des émotions de joie, de tristesse ou de colère ; ce faisant, il parvient à nous faire dire que nous nous sentons frustrés ou impuissants sans que nous puissions faire le lien avec la colère qui se trouve derrière ces mots ; par exemple, il nous permet de regarder

sans ressentir quoi que ce soit les scènes horribles diffusées aux informations télévisées : scènes de guerre, scènes d'enfants souffrant de malnutrition sévère, etc. ;
- il nous empêche également de ressentir ces émotions. Ainsi dirons-nous : « Oui je suis triste mais pas assez pour pleurer », car nous ne nous donnons pas le droit de vraiment laisser la place à ce que nous ressentons ; cela, au nom de multiples bonnes raisons que nous fournit notre brillant mental, et en allant à l'encontre de la partie de nous qui se trouve au fond de nous-mêmes, et qui est, elle, plus ou moins profondément et réellement triste ;
- il nous empêche enfin de vivre nos émotions, c'est-à-dire de les exprimer ; il les bloque et les stocke à l'intérieur de nous.

- Notre mental nous conduit aussi à faire des comparaisons entre les personnes. De là naissent nos jugements de valeur, nos sentiments de supériorité ou d'infériorité, notre intolérance. Du fait de notre mental, nous apprenons la répulsion plutôt que l'amour, nous nous attachons à l'apparence des choses et des êtres, nous nous soumettons au monde de l'illusion. Notre mental est la partie de nous qui nous amène à accepter les normes établies par la société même si elles ne correspondent pas à nos valeurs personnelles. Il est la partie de nous qui va permettre à cette même société de nous formater afin que nous respections des idéaux qui n'ont souvent rien à voir avec le respect de la personne.

- Notre mental nous coupe de notre savoir inné, c'est-à-dire de tout ce qui fait de nous des êtres uniques et remplis de sagesse profonde. Il nous coupe ainsi de notre intuition, de notre créativité, de notre connaissance non livresque des choses de la vie, de notre relation avec le reste de l'univers et de bien d'autres façons d'être en contact avec le monde qui nous permettent d'*être* et non de *paraître*. Il nous coupe de ce que j'ai appelé notre « noyau fondamental[15] ». Il représente l'ignorance qui nous fait nous attacher au monde superficiel et illusoire plutôt qu'au monde réel intérieur et à notre spiritualité innée.

L'ego, ou le mental, est façonné par tout ce qui nous éloigne de nous-mêmes. Les « pensées dans le vide », ces pensées qui font du bruit dans notre tête au lieu de laisser la place à la réflexion, témoignent de l'activité du mental[16]. Ces pensées qui définissent ce qui est bien et ce qui est mal sont à l'origine de nos jugements de valeur. Elles limitent et cantonnent l'individu à ce qui est « acceptable et normal » d'après les autres, faisant de cet Être unique un mouton bien élevé et parfaitement formaté ; à cela près qu'il va en ressentir une souffrance et un mal-être immédiats.

Notre mental est le produit de notre éducation. Au fur et à mesure que l'enfant prend connaissance des règles à suivre et à respecter, son mental se développe. C'est l'éducation qui établit les normes que l'individu est censé adopter s'il désire être accepté par les autres. C'est ainsi que l'enfant va s'entendre dire : « Ce n'est pas bien de crier même si tu es en colère ; cela ne sert à rien si ce n'est irriter encore un peu plus tes parents », ou « Arrête de pleurer. Si ta poupée est cassée, on t'en offrira une nouvelle bien plus jolie. » Autant de réflexions qui font comprendre à l'enfant que sa façon de ressentir doit changer, évoluer ; et que c'est à cette condition seulement qu'il pourra intégrer plus tard le monde des adultes, un monde dans lequel éprouver certaines émotions est mal considéré ou, pire, assimilé à une grande faiblesse. De même, quand l'enfant a découvert que demain existe ainsi qu'hier, l'éducation lui fait croire que la façon la plus intelligente de vivre et d'être consiste à se plonger dans un monde virtuel de futur et de passé, en faisant fi de ce qu'il vit au moment présent.

La religion est une autre grande source à laquelle notre mental s'alimente. La façon dont elle est enseignée, qui est souvent liée à un certain mode de vie, peut s'avérer très limitative et brider l'individu dans ce qu'il est. Elle peut aussi, par la dimension sectaire de son enseignement et de ses pratiques, participer au développement de l'ego. Toutes les religions sans exception sont concernées par ce qui vient d'être écrit, y compris les approches plus philosophiques telles que le bouddhisme. Tant que l'enseignement de la religion restera entre les mains de certaines personnes surtout intéressées par le pouvoir, il en sera ainsi. Ce qui est un comble, car les religions n'enseignent-elles pas toutes l'Amour ?

Notre mental s'alimente également beaucoup à la science qui, au travers des discours tenus par ses adeptes, a tendance à dicter ses « vérités » à l'homme moderne. Bien entendu, il n'est pas question de soutenir ici que tout ce que la science apporte et apportera à l'homme sur le plan de la connaissance et du mieux-être physique doit être rejeté, mais de souligner que dès qu'elle s'arroge le droit d'être la seule source de la vérité, la science participe grand ement à renforcer notre mental, donc à nous éloigner de nous-mêmes.

Bien d'autres sources pourraient être évoquées, mais il n'est pas dans mon intention de dresser ici un inventaire exhaustif. Je souhaite plutôt souligner que toute chose qui alimente le mental limite du même coup l'homme dans ce qu'il est.

Le mental est-il utile ?

La réponse qui s'impose après ce qui a été écrit est « Non », bien entendu. Nous allons voir qu'une exception existe cependant et que celle-ci est importante. Cette exception mise à part, je dirais que notre mental est totalement inutile ; plus encore, je dirais qu'il nous empêche d'être ce que nous sommes : des êtres uniques, vivant dans le moment présent, animés par des émotions et un savoir inné qui nous permettent d'*être au sens le plus large du terme.*

Notre mental nous limite, nous restreint, nous enferme, nous condamne à la petitesse, alors que nous sommes des géants. Il est celui qui produit un brouhaha infernal dans nos têtes, alors que la clarté des sons est perceptible dès qu'il se tait. Il est celui qui nous paralyse dans notre créativité et nous empêche d'être en contact avec notre intuition. Son intervention se manifeste par une tension perpétuelle dans notre corps, par laquelle celui-ci essaie de nous dire que nous sommes en train de nous éloigner de notre centre et de nous égarer. Cette tension est le premier signe qu'il nous faut absolument capter si nous ne désirons pas plonger dans le mal-être ou la maladie par la suite. De tout cela, il résulte que notre mental nous est totalement inutile.

Afin de nous convaincre de cette idée, faisons un exercice pratique : asseyons-nous à une table avec un stylo et une grande feuille de papier et essayons pendant dix minutes de noter toutes les pensées disparates qui nous passent par la tête. Nous serons tous étonnés de voir le fatras de bric et de broc qui surgira de notre brillant mental, digne du plus grand débarras que nous ayons jamais vu ! Quelle magnifique démonstration de ce que notre mental peut faire... Une telle démonstration ne devrait-elle pas nous empêcher de nous fier à cette machine infernale ?

Certaines personnes pourraient arguer du fait que, privés de notre mental, nous n'aurions pas la possibilité de redécouvrir que nous sommes des êtres capables de bonheur, d'amour et de sérénité. Cette approche intellectuelle est tentante, mais elle nous ramène au fameux débat sur lequel tant de philosophes ont buté : si Dieu existe et qu'il est Amour et toute-puissance, comment se fait-il que notre terre connaisse autant de guerres et d'événements meurtriers ? Ce débat est toujours d'actualité et, à ma connaissance, il n'a pas encore trouvé de réponse. Il est aussi très judéo-chrétien. D'autres approches philosophiques, telles que le bouddhisme, abordent la question différemment. Elles évoquent le voile de l'ignorance qui vient cacher à l'être humain sa vraie nature. Chaque approche comporte une part de vérité, mais aucune ne peut répondre de façon définitive à la question évoquée ; une question fort intéressante, mais qui, même si on lui apportait une réponse, ne libérerait pas pour autant l'individu de ses tensions...

D'autres personnes estiment que notre mental, qui est le lieu des croyances et des « pensées dans le vide », est utile, car il nous permet de réaliser que ces croyances et pensées sont limitatives au sens où elles nous maintiennent dans l'inaction, la peur et tous les autres états de mal-être. C'est la version évoquée dans le paragraphe précédent, qui pourrait se résumer ainsi : s'il ne connaissait pas le malheur, l'homme serait incapable d'apprécier le bonheur. Notre mental serait ainsi fort utile pour nous faire découvrir à quel point nous avons la possibilité de nous faire du mal, mais aussi le contraire : « re-découvrir » (puisque nous le savons déjà au fond de notre être, mais nous l'avons oublié) à quel point nous avons la possibilité de nous faire du bien. Cette façon de considérer l'existence peut sembler séduisante au premier abord, mais elle reste très morale et restrictive dans son essence : tu dois souffrir pour mériter le paradis. De plus, elle débouche sur une démarche thérapeutique pernicieuse : la *maîtrise* du mental telle qu'elle est prônée et enseignée par de nombreux courants de pensée à travers le monde. Cette approche repose sur l'idée que, notre mental ayant une existence et une utilité certaines, il ne faut pas le laisser totalement libre, car alors apparaissent le mal-être et les troubles physiques et psychologiques. D'où l'importance de le tenir en laisse afin de le diriger plutôt que de se laisser diriger par lui. Ces démarches proposent des techniques et des outils qui sont censés permettre à l'individu de parvenir à ce but. Toutes demandent une grande assiduité, car le mental ne connaît pas de repos ; le pratiquant doit donc le brider par une volonté de tous les instants ; le moindre relâchement de l'attention, et ressurgit le cortège de mal-être, de limitations et de croyances erronées. De plus, nous y reviendrons, ces techniques ne permettent pas de prendre réellement contact avec les émotions puisque le mental est toujours actif, et que, par conséquent, il continue son œuvre de blocage et de dissociation de l'être.

Le mental est par conséquent parfaitement inutile sauf dans une circonstance : c'est lui qui permet au fœtus, puis au nouveau-né et à l'enfant de survivre, car c'est lui qui fait en sorte que le jeune être ne ressente plus, et, mieux encore, ne reconnaisse plus l'agression dont il est victime. Grâce au mental, l'agression n'est plus perçue pour ce qu'elle est véritablement, c'est-à-dire un acte violent et destructeur ; elle est au contraire jugée tolérable. Ce faisant, son mental permet à la victime de s'adapter à son environnement hostile, notamment à son agresseur avec qui il lui faut bien composer ; il va permettre à l'enfant de survivre face à l'agression qui menace sa vie tant physique que psychique ; le mental est le moyen par lequel l'enfant va essayer de gagner la confiance et l'amour qu'il attend de ses parents. L'enfant va comprendre que, ne pouvant être aimé pour lui-même, il lui faut devenir un autre s'il souhaite recevoir cet amour tant souhaité et si vital pour son avenir ; il va comprendre que s'il persiste à être lui-même il n'ira qu'à sa perte, qu'il lui faut changer pour assurer sa survie, et que cela signifie modifier sa façon d'être, de réagir, de vivre. Le mental va apprendre à la victime qu'elle doit s'adapter bon gré mal gré à ce qu'elle subit. L'enfant doit non seulement comprendre cela, mais agir: se forcer à devenir une personne qu'il n'est pas, afin de plaire, d'être toléré et peut-être aimé. L'enfant comprend une chose de façon très claire: quand il est lui-même, il n'est pas aimé parce qu'il n'est pas aimable. Telle est la seule conclusion qu'il tire de ce qu'il vit ou plutôt de ce qu'on lui impose de vivre!

Le message compris par l'enfant est d'une très grande simplicité: *Tu n'es pas aimable,* ce qui, en bon français, pourrait s'énoncer de la façon suivante: on ne peut t'aimer ou tu n'es pas quelqu'un que l'on puisse aimer... Toutes les nuances peuvent être déclinées à partir de ce thème de base, mais le cœur du message adressé par l'adulte et entendu par l'enfant est celui-là et il est lourd de sens. Et l'enfant le fait bientôt sien: «Je ne suis pas aimable, on ne peut pas m'aimer», se dit-il à lui-même, et nous verrons que cette pensée est à la racine de toutes les souffrances que s'imposent les abandonniques.

L'exemple de Jean est une merveilleuse illustration de tout ce qui vient d'être énoncé. Ce jeune homme a 25 ans. Depuis deux ans, il est suivi par une psychiatre qui l'a bien aidé à mettre en évidence un certain nombre d'éléments de sa vie, notamment le fait qu'il a été maltraité par sa mère. Il me raconte ainsi que sa mère, qu'il appelle par son prénom, ne lui a jamais témoigné d'amour, l'a confié à huit mois à sa propre mère que Jean considère du reste comme sa vraie maman. À quatre ans et demi, la grand-mère étant tombée malade, Jean a été mis dans un foyer. Il se souvient très bien de la scène qu'il a faite à sa mère et de la rage qu'il a ressentie devant la porte du foyer: «Je ne l'ai jamais oublié et je ne peux ni ne désire pardonner à ma mère de m'avoir laissé seul dans cet endroit.» Grâce à l'analyse faite avec l'aide de sa psychiatre, il s'est progressivement rendu compte que ce qu'il a vécu lui crée des problèmes dans sa vie actuelle, notamment dans ses relations avec les femmes; il a tendance à les quitter dès que la relation devient trop «envahissante», ainsi qu'il la qualifie; en fait, il ne parvient pas à leur faire confiance et est d'une jalousie maladive. Sa psychiatre lui recommande d'accepter son passé et ce qu'il a vécu avec sa mère afin de pouvoir aller de l'avant dans la vie. « Vous devez accepter votre impuissance à changer les choses qui ont été vécues », est la phrase qui va déclencher chez Jean une « puissante colère », selon ses propres termes, et le décider à venir me consulter « afin de me débarrasser de mon problème et d'avancer, plutôt que de ne faire qu'en parler », me dit-il lors de notre première rencontre. De plus, le fait que je sois un homme le rassure, ajoute Jean.

Quelques jours après notre première rencontre, Jean se rend à une séance d'hypnose, prévue depuis longtemps, dans le but de savoir plus précisément ce qui s'est passé avec sa mère. Cette séance le fait remonter à l'état fœtal. Il n'était pas le bienvenu dans le ventre de sa mère, constate-t-il, avant d'ajouter : « Soit je mourais dans son ventre, soit je sortais au plus vite afin de vivre. » Et Jean de préciser qu'il se sentait à l'étroit dans le ventre de sa mère « alors anorexique et qui ne le désirait pas ».

Tandis qu'il me raconte cela, je demande à Jean ce qu'il ressentait alors : « De la colère, une terrible colère ! » Preuve en est que le thérapeute qui l'avait hypnotisé avait dû passer beaucoup de temps à le calmer physiquement après la séance, car il était « une boule de nerf, prêt à exploser », raconte Jean. N'en pouvant plus, celui-ci est alors allé trouver sa mère pour lui parler de tout cela, mais cette dernière a refusé d'admettre qu'elle ne le désirait pas ; elle a également refusé de lui avouer son anorexie d'alors tout en lui disant qu'elle avait commencé à en souffrir quelques mois après sa naissance ; elle lui a cependant appris qu'il était né prématuré au sixième mois de la grossesse.

Après avoir vécu tout cela, Jean revient en consultation. Il dit se sentir mal, épuisé, et poursuit : « Je me sens sali par tous ces mensonges et encore plus révolté qu'avant contre ma mère qui n'a pas voulu reconnaître que ce que j'ai ressenti pendant la séance d'hypnose correspondait à ce qu'elle avait vécu quand elle était enceinte. J'ai l'impression qu'elle continue à ne pas me donner le droit d'exister. Mais je me sens impuissant. Au fond, les choses sont comme elles sont. Il faut que je les accepte. Si j'y parviens, j'arriverai de nouveau à vivre en paix.

– Comment comptez-vous vous y prendre pour y parvenir?
– Je n'ai qu'à suivre les recommandations de ma psy: pardonner à ma mère, qui n'est pas consciente de ce qu'elle m'a fait vivre mais qui m'a aimé à sa façon. De plus, je ne peux pas vraiment lui en vouloir vu les souffrances qu'elle a elle-même endurées par la suite avec son anorexie et son état dépressif qui l'ont forcée à me confier à sa propre mère.»

Nous nous trouvons ici au cœur de la problématique d'une personne souffrant d'abandonnite: au tréfonds d'elle-même, et le plus souvent occultée, donc non reconnue et ressentie pour ce qu'elle est, se trouve une violente colère liée à ce qui a été vécu dans le passé; en surface, le raisonnement, la logique, le «bien penser», l'éducation, voire des thérapies qui façonnent la pensée et amènent la personne à la conclusion que «tout cela n'est que du passé et doit être oublié». À cela près qu'entre le tréfonds et la surface apparaît une forte tension qui produit un profond mal-être et une grande souffrance. Afin de survivre, la victime tente de minimiser l'événement et la portée de celui-ci par son mental; ce faisant, elle essaie en quelque sorte de «normaliser» cet événement, de le rendre acceptable, et de pardonner à son bourreau.

Changer sa façon de réagir et adopter une nouvelle façon d'être plus adéquate par rapport au milieu dans lequel elle doit vivre, ou plutôt survivre, lui permet alors de se protéger d'un nouvel épisode douloureux. Son mental va ainsi la conduire à vivre en faisant tout pour plaire à l'autre, être accepté par lui, et même en être aimé. L'abandonné désire en effet retrouver sa place dans le clan, appartenir de nouveau à son milieu. La victime, qui n'est pas reconnue pour ce qu'elle est vraiment, met en place un système de survie allant dans le sens de ce qu'elle pense que son bourreau désire. Ce faisant, elle abandonne à son tour ce qu'elle est. La conséquence sera une existence marquée par la peur et par la violence autant envers l'autre qu'envers soi. Cela peut aller jusqu'au suicide si l'on pense au pourcentage de décès parmi les enfants non désirés au cours du premier mois suivant leur naissance, comparé au pourcentage de décès parmi les enfants désirés. Le mot «suicide» peut paraître fort et déranger, mais mourir d'une maladie auto-infligée ne revient-il pas à décider de mourir en se suicidant ? Seules les apparences diffèrent mais l'issue est la même : le départ de la personne de ce bas monde, car il n'est plus un lieu où elle désire rester.

Par la suite, quand elle découvrira ce qui a été vécu, la plupart du temps à l'âge adulte, la victime tentera tout afin de banaliser l'événement. Ce désir de banaliser – et l'on retrouve la racine « ban » ! – est toujours le fait du mental. À la différence que le mental n'est plus le sauveur qu'il a été pendant l'enfance, mais bien la cause de la tension. C'est du reste le mental qui va faire que la victime se sent coupable d'accuser son bourreau et de le faire souffrir ; il arrive en effet que le parent accusé par la victime souffre à son tour en se rendant compte de la portée de son acte...

Quand elle est enfant, c'est grâce à son mental que la victime de l'abandon survit. Son mental lui est donc fort utile jusqu'au moment où, devenue adolescente, elle peut subvenir à ses besoins de base : boire et se nourrir. Voilà pourquoi un abandonnique a tant de difficultés à « jeter aux orties » son mental : c'est qu'il lui a sauvé la vie. Mais à partir du moment où le jeune est capable de prendre soin de lui-même et n'a plus besoin de se protéger des autres, son mental devient inutile ; plus que cela, il est un frein qui retarde massivement sa guérison, voire l'empêche de guérir. L'abandonnique devra donc faire taire son mental s'il veut parvenir à un mieux-être et à la guérison. C'est ce que nous allons voir.

Chapitre 2

Se sentir abandonné

Dire qu'il se sent abandonné n'est pas ce qui vient à la bouche de l'abandonnique lorsque celui-ci se retrouve dans un cabinet médical. Cela s'explique parfaitement bien pour les raisons dont nous avons déjà parlé dans le chapitre précédent : la personne souffre de différents maux physiques ou psychologiques, qui ne sont pas spécifiques à l'abandon, et ce n'est qu'en essayant de comprendre la signification de cette souffrance que l'abandonnique va progressivement découvrir ce qu'elle cache. Cette découverte ne se fait pas sans peine, car même lorsque l'abandon peut sembler évident à l'observateur extérieur, il n'est pas reconnu comme tel par celui qui en souffre. Il faut dans un premier temps que celui-ci s'accorde le droit de reconnaître qu'il a été abandonné ; après, il pourra commencer à envisager que ce qu'il a subi a des incidences sur sa vie présente. Même lorsque l'abandon est évident et ne peut être nié, comme c'est le cas par exemple pour les enfants adoptés, l'acte commis par ceux qui ont abandonné l'enfant est le plus souvent banalisé par la victime. Il faut fréquemment beaucoup de temps à celle-ci pour prendre la pleine mesure des conséquences sérieuses et importantes que cet abandon a encore aujourd'hui sur sa vie sociale et affective.

Pascale : « Je suis Super Pascale ! »

Pascale, âgée de 35 ans, souffre de cystites depuis une dizaine d'années. Celles-ci surviennent par période et chaque fois un traitement aux antibiotiques est nécessaire. Ces cystites ont débuté vers l'âge de 24 ans, et Pascale en fait depuis une dizaine par année. Bien que tous les examens et analyses aient été effectués, aucune cause n'a pu être mise en évidence permettant de comprendre pourquoi la patiente souffre de ces inflammations à répétition de la vessie. Pascale a deux enfants, elle a rencontré son mari à l'âge de 23 ans et l'a épousé à 25 ans. Hormis des otites nombreuses durant son enfance, rien dans son état de santé ne peut expliquer une telle répétitivité. Sa santé est bonne et Pascale me dit ne pas avoir de souci majeur dans sa vie : elle travaille dans la communication, elle n'a pas de difficultés financières, et elle n'a pas non plus de problèmes avec ses enfants ni avec son époux. Sa vie ne présente pas de sources particulières de stress. Elle se pose cependant la question de savoir ce que son corps essaye de lui dire au travers de ces cystites à répétition. Ayant lu un de mes livres, elle décide de venir me consulter afin de comprendre et surtout de guérir.

Sachant que les cystites sont souvent liées, outre à une consommation d'eau insuffisante, ce qui n'est pas le cas de Pascale, à des états d'anxiété, je lui pose la question : « Avez-vous souvent des appréhensions, des peurs ou des paniques ? » Dans un premier temps, elle me répond par la négative. Elle en veut pour preuve qu'elle est souvent seule avec ses enfants compte tenu des nombreuses absences de son mari pour des raisons professionnelles ; or, elle n'a pas peur, me dit-elle. Je lui demande alors ce qu'elle ressent lorsqu'elle se retrouve seule avec ses enfants. Elle me répond qu'elle n'aime pas cela, mais que ces absences font partie de ce qu'elle doit accepter vu la profession de son mari. J'essaie de mieux comprendre : « Que ressentez-vous lors de ces absences ?

– Rien de spécial. J'accepte entièrement ces absences. Je suis de toute façon habituée à ce mode de vie, car mon père se déplaçait beaucoup quand j'étais enfant. »

Ainsi, depuis sa plus tendre enfance, Pascale a-t-elle été confrontée à un genre de vie qu'elle dit trouver « agréable », car il lui permet de se retrouver seule avec elle-même et de « se faire du bien ». De nouveau, je m'efforce de bien la comprendre : « En quoi cela vous fait-il du bien ?

– La liberté que j'ai quand je me retrouve seule, sans mon mari, me permet de faire ce que je désire. Cela me pose même quelques problèmes lorsqu'il est de retour, car j'aurais tendance à vouloir prolonger ces moments de liberté ! Il m'arrive même de lui reprocher ses retours… Cela ne me déplaît pas d'avoir ces responsabilités. J'ai parfois peur de ne pas y parvenir et de faire des erreurs, car je suis perfectionniste, mais je m'en arrange… »

Il est un fait que jusqu'à maintenant Pascale a réussi à tout porter. Au fil de notre conversation, elle parle parfois, avec une légère ironie, de « Super Pascale ». Qu'est-ce que son corps, face à sa « peur de ne pas y parvenir », tente de lui dire ? Souvenons-nous qu'au présent, le seul temps dans lequel nous vivons, il n'y a ni appréhension, ni peur ou panique, ni angoisse. Le temps présent se caractérise par la confiance en soi ; le signe donné par le corps et perçu physiquement par l'individu est d'ailleurs la détente. Or, Pascale me dit éprouver en permanence une tension dans son corps ; elle la ressent sous la forme d'un nœud dans le ventre et de raideurs au niveau des muscles trapèzes situés entre les épaules et la base du cou. Qu'est-ce que ces tensions essaient de dire à Pascale ? Qu'elle ne vit plus au présent, qu'il y a une famille d'émotions qu'elle s'empêche de reconnaître, de ressentir et d'exprimer.

Pascale va mettre du temps avant de s'accorder le droit de s'ouvrir à ses émotions, elle va mettre encore plus de temps à s'accorder le droit de reconnaître qu'elle éprouve de la colère envers son mari : celui-ci n'est pas à ses côtés pour partager les tâches quotidiennes, il la laisse s'occuper seule de l'éducation de leurs enfants ; de plus, le métier de son mari nécessitant des changements de lieu de travail multiples, elle se retrouve également toute seule pour organiser les déménagements et les emménagements. Pascale réalise progressivement que le manque total de soutien de la part de son mari ainsi que son absence physique et affective signifient pour elle autant de manquements de respect envers sa personne. Dans un premier temps, elle réussit à exprimer cette colère pour elle-même, ce qui lui fait grand bien. Dans un second temps, elle va en parler à son mari de façon très calme, ce qui la soulage également beaucoup. Quant à son mari, il se montre plus attentif et ne la laisse plus affronter seule certaines difficultés de la vie.

Au fil de ce processus, qui a duré plusieurs mois, les cystites de Pascale ont fortement diminué en fréquence et en intensité, puis elles ont définitivement disparu. Il est intéressant de souligner que les cystites touchent la vessie et les reins ; or, selon la médecine chinoise traditionnelle, ces organes, tout comme l'oreille, sont le siège de l'énergie ancestrale et des peurs ; les peurs peuvent s'exprimer via le corps, soit par des cystites, soit par des otites. Ainsi, en retrouvant le moment présent, Pascale a vu diminuer sa peur de ne pas savoir faire face aux responsabilités, ce qui a provoqué une diminution de la gravité et de la fréquence des cystites. En s'autorisant à exprimer sa colère, elle a empêché son mental de garder la direction des opérations ; le résultat est que son corps n'a plus manifesté de tension, ce qui s'est traduit par la disparition des symptômes.

Les cystites ne venant plus perturber la vie de Pascale, l'histoire pourrait s'arrêter là, mais il se trouve qu'elle a continué. En effet, Pascale était en colère contre son mari chaque fois qu'il la quittait : elle trouvait cela « anormal ». Mais exprimer cette émotion ne suffisait pas à l'apaiser. De même, elle n'arrivait pas à renoncer à Super Pascale et à redevenir simplement Pascale. Elle ne pouvait plus tellement invoquer l'absence de son mari et la surcharge de responsabilités puisque celui-ci faisait beaucoup d'efforts pour être auprès d'elle, et ce, avec succès au dire même de Pascale. Comble d'illogisme, elle en voulait presque à son mari d'être trop présent et de lui témoigner autant de sollicitude ! En tant qu'observateur, je ne trouvais pas que le mari en faisait trop, mais je me gardais évidemment bien de lui en faire la remarque... Pascale, du même coup, devenait agressive envers son mari qui, lui, ne comprenait pas grand-chose à ce qui lui arrivait. Elle essayait de justifier son agressivité mais se rendait vite compte que tout cela ne tenait pas debout. Heureusement, elle continuait d'exprimer sa colère, même si elle la jugeait par moments nulle et non avenue, avec son mental bien entendu !

Un jour, comme elle se laissait aller à l'une de ses colères, une immense rage envers son père surgit tout à coup. Elle concernait un événement vécu dans le passé : son père rentrait d'un long déplacement à l'étranger pendant lequel Pascale, qui était l'aînée de trois enfants, avait dû assumer beaucoup de responsabilités parce que sa mère était tombée malade. Son père lui a alors donné une bise sur le front, puis il s'est précipité dans la chambre de sa femme pour s'enquérir de son état, enfin il a pris ses deux fils avec lui et a passé la soirée à leur parler et à s'intéresser à eux. Pendant tout ce temps-là, Pascale, qui avait alors huit ans, attendit que son père lui adresse la parole et la prenne dans ses bras... Elle a été bouleversée par cette scène qui « remontait de nulle part », selon ses propres mots. Elle m'en a parlé, a réalisé qu'elle éprouvait aussi beaucoup de colère envers ses deux frères qui avaient toujours capté l'attention de ses parents à cause de leur caractère beaucoup plus affirmé, ce qui posait d'ailleurs des problèmes à sa mère. Par ailleurs, comme celle-ci tombait souvent malade, notamment lors des absences du père, Pascale prenait à son compte le rôle de mère auprès de ses frères. Jamais, pourtant, elle n'a reçu de remerciements de qui que ce soit ; elle se voyait au contraire rejetée par ses frères, ignorée par son père et abandonnée par sa mère. C'est face à ce sentiment d'abandon qu'elle a décidé d'être encore plus irréprochable, encore plus parfaite, cela afin d'obtenir ce que tout enfant désire : de l'amour. Or, plus elle allait de l'avant dans cette attitude, moins elle se sentait aimée. Plus elle se mettait au service des autres, moins elle existait et moins elle recevait. C'est se voir à ce point rejetée et abandonnée qui l'a convaincue qu'elle devait faire quelque chose de « faux » par rapport à elle-même.

Sa colère était bien vivante, sa tristesse aussi, mais que pouvait-elle en faire ? Hurler et crier ? Non, car cela aurait été se conduire exactement comme ses frères, et comme son père qui était un grand colérique, très « soupe au lait ». Pleurer toutes les larmes de son corps ? Non, car sa mère avait tendance à le faire au gré des dépressions dont elle souffrait. Il ne restait plus à Pascale qu'à se bâtir un mental très fort qui lui permettrait de supporter ce manque d'amour. Il est intéressant de constater que son corps parlait déjà : enfant, elle faisait des otites ; or, comme nous l'avons mentionné précédemment en nous référant à la médecine chinoise, l'oreille, comme la vessie et les reins, est un organe où se logent les peurs. Ainsi, Pascale a-t-elle vécu dans la peur de ne pas être aimée et d'être abandonnée depuis sa plus tendre enfance. Rejetée par ses frères, ignorée par son père et abandonnée par sa mère, elle ne s'est pourtant jamais permis de ressentir et d'exprimer la profonde colère qu'elle éprouvait envers les membres de sa famille. Très tôt, elle a ressenti qu'on ne l'aimait pas, qu'elle n'était pas aimable. Elle a alors mis sur pied toute une stratégie pour combattre la dévalorisation dont elle était l'objet et combler son désir de reconnaissance : en faire toujours plus dans l'espoir d'être aimée. C'est ainsi que, son mental ayant pris la direction des opérations, elle devint Super Pascale, hyperactive, perfectionniste et responsable.

Il était logique qu'en se mariant Pascale s'enfonce un peu plus dans sa peur de ne pas être aimée : comment son mari faisait-il pour l'aimer, elle que personne jusqu'à présent n'avait pu aimer ? Tant que son mari ne s'occupait que de son travail et de sa propre personne sans lui accorder beaucoup d'attention et en la laissant presque tout assumer, ce qui était une façon de ne pas la considérer comme une personne à part entière, Pascale se retrouvait dans une fonction bien connue d'elle : faire tout au mieux pour les autres par peur d'être délaissée et à seule fin d'être aimée d'eux ; s'oublier totalement au profit de son entourage et essayer d'atteindre la perfection ; cela, même si Pascale, au fond d'elle-même, savait que son comportement était un leurre. Quand son mari a changé d'attitude envers elle, après qu'elle lui eut parlé, elle a continué d'être dans l'abandonnite : même si elle pouvait envisager, sur le plan des idées, que son mari l'aime, elle ne pouvait admettre qu'il l'aime à ce point puisque : « Je ne suis pas aimable. » Et même s'il le lui montrait et changeait dans la réalité, il lui fallait se protéger puisque, de toute façon, cela se terminerait par un abandon qui serait alors encore bien plus douloureux que ceux auxquels elle avait déjà survécu... Et quelle est la meilleure défense ? L'attaque. Donc pourquoi ne pas partir avant d'être quittée ? L'autre attitude consiste en effet à tout faire pour que l'autre s'en aille. C'est cette direction que Pascale avait inconsciemment choisie. Heureusement, pourtant, elle a pu exprimer la colère que son mental avait bloquée depuis des années, ce qui lui a permis d'accepter de façon réelle et profonde qu'elle avait le droit d'être aimée, qu'elle était « aimable ». Cela n'a été possible qu'à partir du moment où elle s'est permis de s'aimer elle-même en s'accordant le droit de vivre le moment présent et de laisser s'exprimer ses émotions.

Tout ce travail, car cela en est un, ne s'est pas fait en un jour. Il a pris environ un an. Le mot « abandonnite » n'a été prononcé qu'une fois lors de nos rencontres, au cours desquelles tout s'est passé simplement : j'ai accompagné Pascale dans la découverte progressive de ce qui n'allait pas en elle et de ce qu'elle avait envie de changer afin de se sentir mieux. À aucun moment il n'a été question de théorie ; l'essentiel, en effet, était que Pascale se laisse aller à ressentir la colère qui l'habitait, non de lui donner des explications qui sont peut-être justes sur le plan conceptuel, mais qui n'apportent souvent pas grand-chose.

Pedro : « Maman ne m'a jamais dit "Je t'aime" »

Pedro est espagnol d'origine, il est âgé de 42 ans et vit à Genève depuis l'âge de 12 ans ; il est marié, il a deux enfants et il exerce sa profession dans une institution financière. Il souffre de brûlures d'estomac. Celles-ci sont récurrentes depuis trois ans, et il se fait beaucoup de souci par rapport à elles, car sa mère vient de décéder d'un cancer du pancréas. Il a fait à plusieurs reprises tous les examens nécessaires permettant d'exclure une pathologie lourde (cancer ou ulcère), et hormis le diagnostic de gastrite récidivante traitée avec des anti-acides, rien n'a été découvert. Pedro reconnaît qu'il est hypochondriaque, mais il insiste sur le fait que ses brûlures d'estomac sont bien réelles et lui empoisonnent la vie. Il a fait le lien avec le stress qu'il connaît dans sa vie professionnelle, mais il n'arrive pas à se sortir du cercle vicieux dans lequel il s'est installé : vu sa situation professionnelle, il a beaucoup de responsabilités, d'où son stress qui lui cause forcément tôt ou tard des brûlures d'estomac. Il mange tout à fait sainement, boit très peu d'alcool, ne fume pas et a arrêté de consommer du café. Pedro fait également de la sophrologie. Celle-ci le soulage pendant les séances, mais ses effets sont de courte durée, et Pedro en a assez de prendre des anti-acides. Le problème est que, dès qu'il arrête, ses brûlures reviennent.

Les brûlures d'estomac ayant commencé il y a trois ans, je demande à Pedro ce qui se passait dans sa vie à ce moment-là : que vivait-il alors de particulier ? Il me raconte que c'est le moment où sa mère a appris qu'elle souffrait d'un cancer du pancréas, dont elle est décédée quatre mois avant notre première consultation. Pedro commence à me dire à quel point tout ce parcours avec sa mère a été difficile et pénible pour elle autant que pour lui. Que ressent-il par rapport à ce qu'il a vécu et par rapport au décès de sa mère ? « De la tristesse, et croyez bien que je pleure lorsque j'en ai envie. » Percevant dans sa voix une autre émotion lorsqu'il m'explique ce que sa mère a dû subir comme souffrance à cause de la maladie et des traitements qu'on lui a fait suivre, je lui demande quelle est cette autre émotion, d'après lui : « Oui. Certes j'étais révolté, car voir sa mère souffrir sans pouvoir faire quoi que ce soit est difficile, docteur, vous me l'accorderez ? » Mais que cache le mot « difficile » ? Au bout de quelques minutes, Pedro reconnaît qu'il est en colère ; en colère contre le système médical et la maladie dont a souffert sa mère, en colère aussi devant sa propre impuissance, en colère enfin parce qu'il n'a pas pu parler à sa mère de certaines choses qui lui tenaient à cœur avant qu'elle ne décède. Il en éprouve une grande tristesse qui vient renforcer son sentiment d'injustice. Je lui demande si cela le dérangerait de me dire ce qu'il aurait voulu dire à sa mère. Pedro hésite, puis il me dit qu'il aurait aimé discuter avec elle de ce qu'ils ont vécu et de ce qu'ils n'ont pas vécu ensemble ; il aurait surtout aimé qu'elle lui dise ce qu'il n'a jamais entendu dans sa bouche : « Je t'aime. » Et les larmes de couler sur les joues de Pedro. Ce dernier m'explique par la suite qu'il a accompagné sa mère jusqu'à son dernier souffle en lui disant qu'il l'aimait, mais que, de son côté à elle, rien n'est venu. Suit ce dialogue : « Que ressentez-vous ?

– Une profonde tristesse et une grande frustration aussi.
– Quelle émotion se cache derrière le mot "frustration" ?
– Une énorme colère, reconnaît Pedro.
– À votre avis, qu'est-ce que votre corps essaye de vous dire au travers des brûlures d'estomac dont il souffre ?
– Que je suis stressé.
– Oui, mais le mot stressé désigne une forme de tension. D'où provient cette tension ?
– Du fait que je suis en colère et que je ne l'exprime pas. »

En effet, la tension provient non pas de la colère ressentie par Pedro, mais du fait qu'il n'exprime pas cette émotion absolument naturelle, parce que son mental la bloque. Cela, au nom de l'éducation et d'autres principes qui viennent dire à Pedro : « Tu n'as pas le droit d'être en colère contre ta mère, la personne qui t'a conçu et mis au monde et à qui tu dois le plus profond respect. Tu as d'autant moins ce droit qu'elle est décédée. »

Nous avons vu que dès que le mental prend le dessus sur les émotions, qu'il prend le pouvoir en quelque sorte, il nous transporte immédiatement en dehors du moment présent pour nous emmener dans le futur, avec son lot de peurs, ou dans le passé, avec son cortège de remords et de culpabilité. Pedro n'échappe pas, bien entendu, à la règle, ce qui explique aisément sa crainte de tomber malade et de souffrir de tous les maux possibles (hypochondrie) ainsi que sa culpabilité à l'idée de « ne pas avoir fait tout ce que j'aurais peut-être dû faire pour que ma mère m'aime vraiment ».

Pedro, dans un premier temps, a réussi à s'autoriser à vivre la colère qu'il ressentait, ce qui lui fit beaucoup de bien. Ses brûlures d'estomac s'atténuèrent mais ne disparurent toutefois pas totalement. De plus, des trachéites et des bronchites apparurent alors qu'il n'en avait plus eu depuis l'âge de 12 ans ; à partir de cet âge, il en avait souffert assez régulièrement, puis elles avaient disparu quand il eut atteint 15 ans. Que se passait-il dans la vie de Pedro à cet âge-là ?

« C'est à 12 ans que j'ai quitté l'Espagne pour venir rejoindre mes parents à Genève et vivre avec eux définitivement. » Pedro fait en effet partie de ces enfants de travailleurs émigrés qui sont venus travailler en Suisse afin de gagner leur vie, et qui, dans un premier temps, sont arrivés sans leurs enfants. Ces derniers étaient en général confiés à des membres de la famille avant de pouvoir rejoindre leurs parents dans un second temps. Pedro, à l'âge de deux ans, avait ainsi vu partir ses parents et s'était vu laissé à la garde de sa grand-mère maternelle. Il voyait donc ses parents un mois par an, quand ces derniers revenaient en vacances. Puis, quand il eut 12 ans, alors qu'il ne parlait pas un mot de français, Pedro s'était retrouvé dans une école de langue française de Genève. Il avait par ailleurs dû quitter sa grand-mère. Il se souvient très bien du départ de chez cette grand-mère : « Je criais et je pleurais tout ce que j'avais dans le corps ; je tendais mes bras vers ma grand-mère qui pleurait aussi ; j'aurais tellement désiré rester avec elle et ne pas partir avec ma mère et mon père ; j'en veux à mes parents depuis ce jour-là. » Et c'est comme « par hasard » à cette époque-là que les trachéo-bronchites de Pedro ont commencé !

Qu'est-ce que le corps de Pedro essayait et essaye de nouveau de lui dire ? La gorge sert à avaler et à cracher ou rejeter, et les bronches à inhaler et à exhaler l'air. Il n'est pas sorcier de le comprendre : « Tu as quelque chose à exprimer que tu ne te permets pas d'exprimer, soit de la colère, soit de la tristesse, les deux peut-être. » Ayant compris cela, Pedro s'accorda le droit d'éprouver de la tristesse et de la colère. Peu après, lors d'une consultation, il me dit pour la première fois que, s'il était si en colère contre sa mère, c'est qu'elle l'avait abandonné deux fois : lors de son départ d'Espagne, quand il avait deux ans, et la seconde fois lors de son décès. À partir de ce moment-là, il comprit mieux les peurs qui l'habitaient depuis le départ de ses parents et qui n'avaient cessé de le hanter depuis lors : peur de ne pas être aimé, peur de ne pas être à la hauteur des espérances des autres, quels qu'ils soient, peur d'être une trop grande charge pour les siens, peur de ne pas réussir, et ainsi de suite... S'accordant le droit de reconnaître et d'exprimer ce qu'il éprouvait, Pedro s'est senti beaucoup mieux et a vu ses aigreurs d'estomac disparaître. Les troubles liés aux bronches, par contre, eurent tendance à revenir plus fréquemment.

Pedro ne s'est pas découragé. Il a continué de laisser émerger en lui la colère qu'il éprouvait non seulement contre sa mère, mais aussi contre son père. Ce dernier, encore en vie, a alors accepté de discuter avec son fils et lui a expliqué les raisons de leur départ d'Espagne. Il a ainsi pu lui dire la tristesse très profonde que lui-même et sa femme avaient ressentie durant les années pendant lesquelles ils avaient été éloignés de lui. Pedro le comprenait mais ne décolérait pas pour autant. Il commençait par ailleurs à en avoir assez de parler de cette colère, me disant que cela ne le menait pas à grand-chose de positif.

Jusqu'au jour où il a été envahi par une colère immense, cette fois envers sa grand-mère maternelle. Immédiatement, il l'a étouffée en prétextant qu'il ne pouvait pas être en colère contre la seule personne qui s'était occupée de lui « avec amour et de façon inconditionnelle ». Lors de la consultation suivante, Pedro me raconte ce qui est arrivé et tente de me convaincre qu'il ne peut pas être en colère contre sa grand-mère. Je lui demande de me décrire la scène qui lui est revenue « bien malgré moi », selon ses mots : c'était le moment de son départ en Suisse avec ses parents. Qu'avait-il ressenti ? Qui le quittait et l'abandonnait à ses parents ? Qui le privait brusquement de son amour ? Qui le laissait s'en aller en sachant qu'il n'aurait pas la possibilité de revenir ? À son grand étonnement et avec beaucoup de difficultés, Pedro s'est rendu à l'évidence qu'il était très en colère contre sa grand-mère et même beaucoup plus contre elle que contre ses parents. Bien entendu, Pedro ne pouvait accepter sa réaction : comment pouvait-il être en colère contre sa grand-mère qui l'avait accueilli et aimé comme son propre fils pendant des années ? sa grand-mère dont il savait qu'elle avait subi cette séparation autant que lui et qu'elle en était aussi triste que lui ?

Arrêtons-nous quelques instants, car il est capital de se rendre compte de la différence entre l'approche psychologique classique, qui utilise l'analyse intellectuelle, et l'approche non classique, qui permet aux émotions enfouies de remonter à la surface. Avec la logique et l'analyse, notre mental nous mène à la conclusion suivante : Pedro n'a aucune raison valable et par conséquent aucun droit d'être en colère contre sa grand-mère. La compréhension, le raisonnement nous feraient presque conclure que Pedro souffre d'une maladie de la persécution, voire qu'il a une personnalité *borderline*. Avec son mental, Pedro arrivait du reste à une conclusion comparable: «Je suis un être mauvais, tellement mauvais que je suis en colère contre la seule personne qui m'ait vraiment aimé!» Tous les ingrédients sont présents pour mener l'observateur ou le thérapeute à une série de jugements de valeur, à des comparaisons avec les normes sociales et éducationnelles. En admettant même qu'un observateur puisse être capable d'«objectivité» ou qu'un vrai thérapeute puisse rester «neutre», il va tôt ou tard faire quelque réflexion qui enfoncera Pedro dans son autodévalorisation au lieu de l'aider à en sortir. Enfin, et cela est à mes yeux le point essentiel, cette approche laisse toute la place au mental et aucune chance à la seule chose qui soit bien réelle: l'émotion. En analysant intellectuellement la situation, la personne souffrante se sent-elle mieux? Non. Au mieux, elle a compris pourquoi elle se sent abandonnée, mais elle ne sait toujours pas quoi faire de cette conscience. Au pire, et c'est souvent le cas, elle se sent coupable parce qu'elle a le sentiment que ce qu'elle ressent est «anormal», «illogique». À partir de ce moment-là, toutes les portes sont ouvertes pour que les symptômes physiques et le mal-être perdurent parallèlement à un supposé «traitement» psychologique visant à «maîtriser le mental» ou «à contrôler les émotions», mené par un psychologue, un psychothérapeute, ou un psychiatre qui s'aide souvent d'un cortège de médicaments.

Dans l'approche non conventionnelle, au contraire, la personne est encouragée à vivre les émotions qui émergent en elle, c'est-à-dire à les ressentir et à les exprimer. Pour ce faire, elle est invitée à faire taire son mental, à le réduire au silence, non pas à le maîtriser. C'est ce que Pedro va s'autoriser à faire: exprimer sa colère contre sa grand-mère. Il ne l'a pas fait en sa présence, il l'a fait seul, dans la nature; alors il s'est permis de dire jusqu'au bout tout ce qu'il ressentait; il ne l'a pas fait dans le but de faire du mal à qui que ce soit, mais simplement pour se faire du bien à lui-même. Il s'en est trouvé très soulagé et très vite mieux sur le plan physique. Il a aussi retrouvé une plus grande confiance en lui.

Anne : « Je bois pour me donner du courage... »

Anne, de son côté, a vécu une histoire très similaire à celle de Pedro. Recueillie par sa tante paternelle parce que sa mère refusait de s'occuper d'elle, elle a été éduquée par celle-ci jusqu'à l'âge de 10 ans, âge auquel sa mère l'a reprise chez elle. Anne a été profondément révoltée contre sa mère pendant toute son adolescence ; elle s'est alors beaucoup rapprochée de son père, qui s'était lui-même séparé de sa femme quand Anne était petite.

Dans ses relations avec les hommes, Anne a toujours été très à son aise. En fait, elle les a souvent utilisés afin d'en tirer le meilleur parti ; elle ne s'est jamais laissée aller à « faiblir » en face d'eux, car cela n'est pas son genre, dit-elle. Anne est une femme indépendante et fière de l'être. Pourtant, depuis une année, elle se sent mal dans sa peau, ce qui se traduit par une consommation excessive d'alcool liée à des sorties régulières avec un ami auprès de qui elle se sent bien, mais qui « a tendance à trop faire la fête ».

Très vite, Anne se rend compte qu'elle se sent déstabilisée en face de son ami et qu'elle boit pour se donner du courage : le courage de rester dans la relation au lieu de la fuir, ce qui a toujours été le cas jusqu'à ce jour. Comprendre cela ne l'aide pas ; au contraire, elle se sent encore plus mal et boit davantage. Anne est triste de boire, elle se sent dévalorisée par cette dépendance, et surtout elle ne comprend pas pourquoi elle a peur de quitter son ami ou d'être quittée par lui ; en effet, jusqu'à présent elle a toujours pris les devants en partant la première. Pourquoi n'arrive-t-elle pas à mettre un terme à cette relation, d'autant plus qu'elle sent très bien que cet homme n'est pas fait pour elle et que cette relation lui fait plus de mal que de bien ?

Plutôt que de se poser toutes ces questions fort intéressantes, mais qui ne la font pas aller mieux, je suggère à Anne de me dire ce qu'elle ressent : de la tristesse, me répond-elle en s'autorisant à pleurer, ce qui la soulage un peu. Bientôt après, Anne se rend compte qu'elle n'est pas vraiment triste mais plutôt très en colère contre son ami. Comme elle ne comprend pas pourquoi, elle part de nouveau dans sa tête afin de trouver des causes à sa colère. Quelque temps plus tard, réalisant à quel point elle est tendue physiquement, elle décide d'arrêter de vouloir tout comprendre et de vivre ce qu'elle désire. Elle en éprouve beaucoup de bien-être. Bientôt, elle réalise qu'elle n'en veut plus à son ami d'exister. Ses tensions se font aussi moins intenses et elle a moins besoin de boire pour se détendre. De plus, elle commence à avoir bien moins peur de le perdre ou d'être délaissée par lui.

En avançant dans son travail sur ses émotions, Anne prend bientôt conscience qu'elle éprouve une colère immense contre son père qui l'a abandonnée peu après sa naissance ; ce dernier est décédé trois ans plus tôt, en lui laissant une petite fortune à laquelle elle ne s'attendait pas. Elle se sent très coupable de ressentir de la colère contre un être qui est décédé. Certes, son père l'a laissée seule avec sa mère, mais il ne peut être condamné pour cela puisque sa mère était « insupportable », dit-elle. Et puis elle s'est toujours bien entendue avec lui à partir du moment où elle a demandé à le revoir, ce qu'il avait accepté. Enfin, il est décédé et lui a légué une partie de sa fortune, ce qui prouve bien qu'il l'a aimée. Ainsi, le mental d'Anne vient-il lui dire qu'il est mal venu d'être en colère contre son père, que ce n'est ni raisonnable ni admissible. Cela se traduit dans son corps : elle ressent une tension telle qu'elle se sent de nouveau obligée de boire pour se calmer et voir la vie sous un jour plus rose. Mais les matins sont terribles : elle est plus tendue que la veille ; s'ajoute à cela la culpabilité d'avoir bu. Qu'est-ce que son corps essaie de dire à Anne ? Simplement, il lui demande de se respecter, de se mettre en contact avec ce qu'elle ressent et de faire taire son mental qui ne fait que bloquer, retarder et empêcher l'expression de sa colère. Anne va y parvenir. Bientôt, elle arrête même de boire et nous nous réjouissons de cet heureux résultat. Anne se sent mieux dans sa relation avec son ami. Ce dernier continuant à « trop boire », estime-t-elle, elle décide cependant de mettre un terme à leur relation. Elle n'agit pas ainsi par peur, mais simplement parce qu'elle sent que continuer sur ce mode reviendrait à ne plus se respecter. La meilleure preuve lui est fournie par son corps qui n'est plus du tout tendu. La rupture l'apaise même et la soulage. Quant à moi, je me dis qu'Anne est guérie de son abandonnite. En réalité, il n'en est rien...

Un an après, Anne revient en consultation, car elle souffre d'une sciatique droite. La douleur est apparue lors d'un voyage qu'elle offrait à sa tante paternelle qui l'avait élevée jusqu'à l'âge de 10 ans et qu'elle désirait remercier. Elle se réjouissait de ce périple, mais sa tante a réagi comme une personne âgée de 85 ans ayant perdu ses repères : elle s'est montrée capricieuse et s'est comportée en petite fille, probablement plus par peur que pour toute autre raison. Le voyage s'est relativement bien passé, à cela près qu'Anne s'est retrouvée totalement bloquée par l'apparition subite de la sciatique.

Sachant que son corps essaye de lui dire quelque chose d'important mais ne comprenant pas quoi, elle revient en consultation ; en effet, même les bons soins de son ostéopathe n'ont pas de résultats. Au cours de l'échange qui suit, Anne me dit que, depuis très longtemps, elle ne supporte pas que sa tante fasse de la surprotection à son égard et que cela a de nouveau été le cas pendant le voyage. Par ailleurs, elle s'est aperçue qu'elle réagissait violemment lorsque sa tante paternelle se mettait à jouer à la petite fille. En parlant, elle se rend compte que cette réaction remonte au temps où sa mère l'a reprise chez elle ; elle avait alors 10 ans... À ce moment-là, alors que rien ne le laissait présager, Anne se met à pleurer à chaudes larmes avant de se sentir envahie par une colère puissante : elle en veut terriblement à sa tante qui l'a abandonnée à sa mère, une personne qu'Anne n'a jamais pu aimer. Elle lui en veut de ne pas avoir empêché sa mère de la reprendre chez elle, même si elle sait, avec son intelligence et sa logique, qu'il était impossible à sa tante de la garder tant pour des raisons légales qu'humaines. Il faudra du temps et beaucoup d'efforts à Anne pour s'autoriser à faire taire son mental et à exprimer sa colère. Elle le fera par la suite, seule. Cela lui procurera une grande détente dans un premier temps et permettra à la sciatique de disparaître dans un second temps. Cette sciatique tentait en fait d'indiquer à Anne que quelque chose l'empêchait d'aller de l'avant depuis le début de son voyage, et que ce blocage avait un rapport avec la colère qu'elle éprouvait contre sa tante, mais qu'elle s'empêchait de vivre.

Par la suite, Anne a réussi à exprimer les reliquats de cette puissante colère. C'est ainsi qu'elle a commencé à se sentir libérée de son abandonnite. Quelque temps plus tard, elle a rencontré un homme avec qui elle a pu bâtir une relation d'amour pleine et fondée sur la confiance, sans crainte d'être abandonnée et sans désir d'abandonner ce dernier à la première difficulté.

Louis : « Les femmes ne savent que me faire souffrir ! »

Louis, âgé de 45 ans, divorcé et père de trois enfants, vient me consulter à la demande de sa compagne qui estime qu'il a besoin d'aide ; lui-même se résout à en demander, car il « en a marre de répéter depuis des années les mêmes erreurs et de retomber dans les mêmes schémas ». Depuis l'adolescence, il est maladivement jaloux. Dès qu'il est avec une femme, il imagine constamment que celle-ci le trompe ou, si ce n'est déjà fait, que cela va arriver d'un jour à l'autre ; parallèlement, il ne supporte guère qu'une femme s'attache trop à lui, car « il déteste être envahi par qui que ce soit ». Pour cette raison, il a tendance à être attiré par des femmes difficiles à atteindre. Il met alors toute sa science, bien éprouvée et rodée, à conquérir cette femme pour se retrouver bientôt dans la situation exposée ci-dessus. Il est conscient de cet état de choses depuis que certains de ses amis ont attiré son attention dessus. Il a mis du temps à l'accepter. Cela fait, il n'en comprend pas le pourquoi et se demande ce qu'il pourrait faire pour changer et arrêter de souffrir. Il admet que sa façon d'être est une souffrance pour lui autant que pour les femmes avec qui il partage sa vie.

Louis vient d'un milieu privilégié. Il n'a pas vécu d'événements marquants pendant son enfance ni durant son adolescence. Jeune avocat, il s'est marié avec une femme qu'il a « adorée », a eu trois enfants avec elle, puis a divorcé à 40 ans. Il a gardé de bonnes relations avec son ex-femme, même s'ils n'ont « plus grand-chose à se dire », estime-t-il. Quant à ses relations avec ses trois enfants, elles sont aussi bonnes que peuvent l'être des relations avec des enfants en pleine adolescence. Depuis six mois, Louis a une relation avec une femme de 32 ans, qu'il « adore » également, mais qu'il persécute avec ses scènes de jalousie. Il décrit leur relation comme « épuisante », car elle est constamment remise en question par ses craintes à lui et par les réactions de son amie qui n'accepte pas sa façon de se conduire. En même temps, ils vivent des moments de « grande intensité » qui, d'après lui, compensent largement les autres et justifient le maintien de la relation. Louis m'assure qu'il n'a pas envie d'arrêter la relation, et qu'il craint par moments que son amie le fasse. Il ajoute immédiatement : « Si cela devait être le cas, alors je devrais bien accepter la réalité. De toute façon, dans toutes mes relations, hormis avec ma femme, j'ai toujours été jeté ou je me suis arrangé pour l'être. » Après cette fanfaronnade, Louis admet qu'il a néanmoins souffert de ces séparations chaque fois, même si elles étaient pour certaines désirées et souhaitées. Il admet aussi qu'en deux occasions il a très mal vécu ces épisodes : ces femmes étaient en effet beaucoup plus importantes pour lui qu'il ne le pensait, mais il ne s'en est rendu compte qu'après la séparation. Certes, il a tout essayé pour renouer, mais, dit-il, « bien que je m'étais totalement ouvert à elles, ce qui est rare chez moi et démontre que je tenais vraiment à elles, elles n'ont rien voulu savoir ». Ces deux refus déclenchèrent une réaction violente chez Louis : il décida de se venger sur ses compagnes à venir. « Comment ? lui demandai-je.

– Je jouais un rôle qui me permettait de ne pas en prendre plein la gueule et je m'assurais de m'en tirer à bon compte ; je me disais que je n'allais pas m'investir dans une relation qui de toute façon se terminerait mal pour moi !
– En avez-vous été heureux ?
– Non. Il est vrai que cela ne m'apportait pas grand-chose. »

Louis réalise que quelque chose « ne tourne pas rond » dans son attitude envers les femmes, mais il est incapable d'identifier le problème, et encore plus d'y remédier. Au bout de quelques consultations, il parvient à la conclusion qu'il lui est très difficile de faire confiance à une femme, car il est certain que tôt ou tard celle-ci soit le décevra, soit le laissera tomber, soit se désintéressera de lui, soit le trompera, ou que c'est lui-même qui éprouvera ces sentiments et se comportera ainsi. Louis reconnaît qu'il a une très grande peur de « s'abandonner » à l'autre, c'est-à-dire de lui faire confiance. Il dit vivre dans la peur de se « faire jeter », ce que nous pourrions traduire par une grande crainte d'être banni par l'autre. Par conséquent, toute relation est selon lui vouée à l'échec.

Qu'en est-il de ses relations amicales ou de nature autre qu'affective ? « Hormis les relations d'amitié avec les hommes, les relations sont toujours intéressées ; elles ne peuvent par conséquent être basées que sur le non-respect de l'autre. » Et Louis de me décrire quelques expériences de sa vie à l'occasion desquelles il s'est ouvert à quelqu'un mais s'est retrouvé trompé, déçu et trahi...

Après un long moment de résistance, Louis accepte de reconnaître et d'exprimer ce qu'il ressent par rapport à ces tromperies et ces trahisons. Il retrouve alors la tristesse et la colère qu'il a ressenties lors de ces événements. Quelque temps après, Louis me raconte qu'à l'âge de 14 ans il avait été envoyé en pension par ses parents ; il ajoute qu'ayant lui-même un fils de cet âge il ne se verrait pas l'envoyer en pension : il le trouve trop jeune pour l'éloigner de la maison familiale, même si lui-même n'habite plus avec sa femme. Je lui demande s'il ressent quelque chose par rapport à son départ en pension. « Non, car je le désirais moi-même. Je savais que je travaillerais mieux en pension que chez mes parents. Chez moi, j'avais tendance à ne rien faire, et comme je désirais étudier le droit, il me fallait bosser sérieusement. Mes parents étaient très tristes de ma décision, mais ils ont respecté ce que je souhaitais et se sont même saignés pour me payer un internat qui n'était pas donné. » Louis se souvient néanmoins qu'il pleurait chaque dimanche soir lorsqu'il devait réintégrer sa pension après avoir passé un bon week-end en famille, avec ses frères et sœurs, ses amis et ses parents. Il ajoute : « Je devais pourtant en vouloir à mes parents, car au retour, le vendredi soir, je ne leur parlais jamais. Je ne leur répondais pas non plus lorsqu'ils me posaient des questions sur ma vie. » Peu de temps après, Louis m'avoue qu'une très grande tristesse l'a envahi, alors qu'il ne s'y attendait pas, tandis qu'il songeait à ce départ en pension ; par contre, il ne comprend pas pourquoi il ressent, comme en sourdine au fond de lui, une intense colère, principalement à l'égard de sa mère, « étant donné que c'est moi qui ai voulu partir et non elle qui m'a éloigné d'elle ». Je conseille à Louis d'arrêter de se poser des questions et de se laisser aller à sa colère. Ce que Louis va faire, non sans difficulté. Dans les jours qui suivent, il va beaucoup mieux, mais il sent qu'il est toujours sur la défensive par rapport à son amie. À présent, il est très conscient du fait qu'il a tendance à agir comme un abandonnique type, ce qui explique qu'il soit jaloux et si souvent prêt à « tout casser par crainte d'être jeté par elle ». Progressivement, Louis réalise qu'il lui faut exprimer la colère profonde qu'il éprouve contre sa mère. Celle-ci a en effet toujours été incapable de le serrer dans ses bras, de le câliner, de lui montrer physiquement qu'elle l'aimait. Certes, il sait qu'elle l'aime, ses actes en témoignent, mais la proximité physique, la chaleur du contact lui ont toujours cruellement manqué. Louis se rend bientôt compte qu'il n'est lui-même pas du tout à l'aise quand il s'agit de faire des câlins à ses enfants et qu'il a de la difficulté à exprimer sa tendresse à son amie. Cela le ramène de nouveau à sa mère et le met encore plus en colère.

Un jour, à l'issue d'un stage OGE[17] qu'il avait fait avec moi, Louis me dit qu'il n'éprouve plus de colère contre sa mère et qu'il s'en trouve très apaisé. Il continue néanmoins de craindre d'être abandonné dès que son amie part en vacances de son côté, ou qu'il fait de même. Il pense que cela est lié à son départ en pension, mais il ne comprend pas pourquoi ; alors qu'il croyait avoir exprimé toute la colère qu'il éprouvait contre sa mère, ses craintes perdurent. Je lui conseille de laisser la porte ouverte à ses émotions et lui dis que tôt ou tard quelque chose émergera dans sa conscience, qui sera un élément de réponse à ses interrogations. Peu de temps après, Louis revit une scène au cours de laquelle sa grand-mère maternelle le tient dans ses bras et lui fait un gros câlin. Comme il ressent les bienfaits de ce moment de tendresse, il réalise à quel point de tels câlins lui ont manqué du jour où il a été séparé de sa grand-mère. Louis exprime alors la colère profonde et puissante qu'il ressent par rapport à ce manque. Quelque temps plus tard, une grande tristesse l'envahit. Il dit se sentir soulagé. Un autre souvenir lui revient alors : sa grand-mère, dont il n'avait jusque-là aucun souvenir conscient, est décédée alors qu'il venait d'avoir deux ans, et à ce moment-là, un petit frère était né... Il vient de comprendre la racine du mal dont il souffre : l'abandon causé par le décès de sa grand-mère.

Alors qu'une analyse classique aurait certainement conclu que la mère était à l'origine des problèmes de Louis, le vécu émotionnel, lui, a permis à ce dernier de remonter à la cause première et véritable de son sentiment d'abandon. Depuis qu'il s'est permis de reconnaître et de vivre la colère et la tristesse liées à la disparition de sa grand-mère, un grand apaisement règne en lui. De plus, les habitudes réactionnelles qu'il avait mises en place pour éviter d'être de nouveau blessé cèdent le pas à de nouvelles façons d'être qui le surprennent mais le comblent de plaisir en même temps. Il remarque qu'au lieu de réagir à ce qui se passe, il agit en fonction de ce qu'il désire au plus profond de lui-même. Il émane de lui beaucoup plus de sérénité qu'auparavant. De son propre aveu, il a l'impression de renaître...

Quelques constats

À partir des histoires de Pascale, Pedro, Anne et Louis et de celles de toutes les autres personnes que j'ai rencontrées au cours de ma carrière, je ferai quelques constats.

Nous ne sommes pas conscients de souffrir d'abandonnite

Nous nous apercevons en effet qu'aucun de ces patients ne s'est présenté avec une demande clairement formulée telle que : « Aidez-moi, car je souffre d'avoir été abandonné. » Nous pouvons par ailleurs être certains qu'aucun d'entre eux n'aurait admis que cela était le cas, au moins dans un premier temps. Bien au contraire, chacun aurait insisté sur le fait qu'il avait été aimé par les personnes qui s'occupaient de lui. Il est tout aussi certain qu'aucun n'aurait accepté de faire le lien entre ce dont il souffrait et un état d'abandon. Tel est notre premier constat : la grande majorité des personnes souffrant d'abandonnite ne savent pas qu'elles en souffrent. Elles n'en sont pas conscientes ou ne désirent pas l'être dans un premier temps. Plusieurs raisons peuvent expliquer cela:

- La plupart des gens ne sont pas encore habitués à faire le lien entre ce dont ils souffrent et les émotions qu'ils n'ont pas vécues. N'importe qui, avec son intuition, est pourtant capable de comprendre et d'accepter cette relation. Celle-ci a cependant été longtemps rejetée et continue de l'être par une partie des gens qui s'autoproclament « scientifiques ». La conséquence en est que l'approche qui permet d'établir ce lien est encore méconnue par la majorité d'entre nous. Le blocage des émotions par le mental a des conséquences qui sont de plus en plus reconnues. Trop de personnes travaillant dans le domaine de la santé continuent pourtant à minimiser ou à simplement ignorer cette réalité.

- La société ne reconnaît pas que l'abandon est une véritable source de souffrance. Peu de choses ont été écrites sur le sujet et la notion même d'abandon reste floue. En fait, un voile pudique semble recouvrir la question. Quant aux recherches scientifiques, elles sont d'autant moins nombreuses que l'industrie pharmaceutique, qui les finance le plus souvent, ne tirerait pas de grands profits de telles recherches. Quelqu'un souffrant d'abandonnite peut donc difficilement se dire que ce dont il souffre est dû au fait qu'il a été rejeté ou délaissé pendant sa vie fœtale ou son enfance. Il est cependant vrai que, depuis quelques années, davantage d'informations ont été diffusées au sujet de la souffrance des enfants qui ont été recueillis par des familles au cours de la Seconde Guerre mondiale, de même qu'à propos de la souffrance des enfants nés sous X en France. Mais cette diffusion commence à peine à toucher le grand public.

- Les personnes abandonniques ne désirent pas se souvenir de ce qu'elles ont vécu, car cela est trop douloureux. Se sentir abandonné ou rejeté à l'âge adulte n'est jamais quelque chose de très agréable. Aucun adulte ne souhaite faire l'expérience d'un tel abandon, et cela, même s'il est censé être armé pour se défendre. Sans compter que l'adulte est capable de partir, de quitter lui-même l'autre s'il le désire. En ce sens, il est autonome. Un enfant ne l'est pas. Un enfant est totalement dépendant de son entourage et ne peut pas survivre seul ; par conséquent, il ne peut que subir sans moyen de réaction autre que se protéger en instaurant un barrage avec son mental. Le mental est donc utile à l'enfant sur un point essentiel : il lui permet d'« oublier » les événements trop douloureux, si bien que devenu grand il ne se souviendra plus de ce qui s'est passé. C'est une façon de se protéger dont nous disposons tous et qui nous permet de survivre face à des agressions qui mettent notre vie en danger. En fait, il ne s'agit pas d'un véritable oubli, mais d'un coup de gomme temporaire. Notre mental nous sert ainsi de bouclier, de rempart qui, en banalisant l'événement traumatisant, le jette aux oubliettes, le bannit en quelque sorte. Notre volonté a aussi un rôle : souvent, nous ne voulons tout simplement pas nous remémorer des scènes pénibles.

- Beaucoup de gens pensent que « remuer les choses du passé » est inutile. Ils désirent plutôt « positiver » et aller de l'avant dans la vie. C'est une autre façon de rester dans l'oubli tel que nous l'avons évoqué au point précédent.
- Il est aussi des gens qui ne se sont jamais vraiment posé de questions et qui se sont habitués à vivre avec la souffrance au point qu'ils l'ont presque totalement intégrée à leur vie quotidienne. La souffrance est pour eux devenue la norme. Ces personnes vivent donc sans avoir conscience de ce que l'origine de leur souffrance se trouve dans leur passé, et de ce que leur passé pollue leur vie actuelle.

Cette liste de raisons pour lesquelles la personne souffrant d'abandonnite ne désire pas se souvenir n'est pas exhaustive. En fait, toutes les variantes peuvent être imaginées selon les caractéristiques et le vécu de chacun. L'important est d'avoir en tête que la plupart des personnes souffrantes ne sont pas conscientes du fait qu'elles ont été abandonnées ; elles ne peuvent donc avoir conscience du fait qu'elles souffrent d'abandonnite.

Nous nions le fait d'avoir été abandonnés

Dans un deuxième temps, lorsque les souvenirs reviennent, l'abandonnique insiste pour dire que des personnes l'ont aimé et se sont vraiment occupées de lui ; ainsi : « Ma tante n'était pas celle qui aurait dû s'occuper de moi, mais peu importe : elle m'aimait », ou : « Ma mère ne s'est pas occupée de moi non parce qu'elle voulait me faire du mal, mais simplement parce qu'elle ne le pouvait pas ; ce n'est pas de sa faute. » Avec ces tours de passe-passe mentaux, la personne souffrante compte bien s'en tirer...

La résistance est souvent immense. En fait, elle est à la mesure de la détresse de l'abandonné : il est excessivement difficile de s'avouer à soi-même, et d'avouer aux autres, que l'on a été abandonné. Pourquoi cette grande difficulté ? C'est qu'après avoir levé le voile sur le passé, il faut faire face à la douleur liée à ce passé : la douleur de n'avoir pas été aimé. Or, n'oublions pas que, dans son mental, l'abandonné pense toujours la même chose, car la phrase est gravée en lui : « On ne peut pas m'aimer » ou « Je ne suis pas aimable », bientôt suivie par la conclusion : « C'est pour cette raison que l'on m'a abandonné et que l'on continue de m'abandonner. » Avouer qu'un abandon a réellement existé revient à tourner le fer dans une plaie restée béante. Mieux vaut le nier et ainsi minimiser la souffrance. À cela s'ajoute que la personne qui n'a pas aimé l'abandonnique est justement celle qui aurait dû l'aimer, celle dont on pense qu'il est « normal et évident » qu'elle aime son enfant. L'enfant pense donc forcément qu'il s'est passé des choses graves pour qu'on l'abandonne ainsi ; lui-même a dû être « très mauvais », « très méchant » ou « très destructeur » pour que l'autre en vienne à le rejeter avec cette violence. Sans quoi l'abandon serait incompréhensible, voire inimaginable. C'est ainsi que l'abandonnique, du fait de son mental, glisse progressivement dans la culpabilité. La victime de l'abandon réagit comme toutes les victimes de violence qui n'ont pas vécu les émotions liées à celle-ci : elle s'accuse d'être responsable de l'acte violent dont elle a été victime. Selon cette « logique », elle parvient à la conclusion que l'agresseur n'est en aucun cas un vrai coupable, puisque c'est elle, la victime, qui a tout fait pour provoquer l'abandon...

Nous vivons selon des schémas répétitifs

Dans un troisième temps, l'abandonnique va devoir reconnaître que l'abandon dont il a été l'objet le fait souffrir chaque fois qu'il est confronté à des situations qui s'apparentent à un nouvel abandon et qu'il essaie d'y faire face.

Lorsque Pedro se retrouve avec des personnes qui ont vécu ce qu'il a vécu, il a des brûlures d'estomac ou se sent mal ; il en est de même chaque fois qu'il voit ses enfants partir en vacances, surtout quand ils vont dans son pays d'origine. Ainsi, le corps de Pedro lui dit qu'il est en train de se cacher quelque chose à lui-même. Il l'invite en quelque sorte à se poser la question de ce qui se passe en lui au lieu de faire l'autruche pour oublier. Lorsque Pascale apprend que son mari part en déplacement pour ses affaires, elle se sent immédiatement tendue et devient agressive envers lui ; elle réagit de la même façon lorsqu'une amie proche part de chez elle après un week-end agréable. Ces signes ne sont pas des douleurs physiques, comme les brûlures d'estomac de Pedro, mais ils remplissent la même fonction. Ces signes peuvent en fait emprunter toutes sortes de formes : pincements au cœur, moments de *blues,* peurs, nostalgie, consommation d'alcool, brûlures d'estomac, etc. Bien entendu, l'abandonnique ne fera aucune association entre ces signes et sa souffrance originelle. Il dira qu'il n'aime pas les départs, qu'il n'apprécie pas que les choses agréables prennent fin, que revenir à des occupations courantes est ennuyeux… L'abandonnique doit progressivement apprendre à déceler les indices de l'abandonnite dans sa vie quotidienne.

Nous pouvons prendre conscience de l'abandon dont nous avons été victimes

Dans un dernier temps, l'abandonnique va réellement prendre conscience qu'il souffre d'abandonnite et que sa vie entière est polluée par cette souffrance. Il est souvent effaré par la place que ses symptômes prennent dans sa vie. De nouveau, il va avoir tendance à fuir, surtout pour échapper à la souffrance. Il sait cependant qu'il va devoir mettre en place un plan d'attaque s'il veut guérir de sa maladie. Il réalise, de façon intuitive, que se traiter sera difficile, assez long et souvent pénible. Il comprend également que cela risque d'entraîner des changements importants dans sa vie. Et, bien évidemment, à cause de son mental, il sera envahi d'appréhensions et de peurs pouvant à tout moment l'empêcher d'aller de l'avant. D'après mon expérience, pourtant, lorsque la vraie prise de conscience est faite, l'abandonnique ne peut pas revenir en arrière : tôt ou tard, il parvient à affronter le problème et évolue vers la guérison.

Chapitre 3

Les attitudes sociales de la personne abandonnée

Souvenons-nous que l'abandonnique a gravé dans son esprit la fameuse phrase « Je ne suis pas aimable », et que cette croyance est profondément ancrée en lui. Sa certitude vient de ce qu'il ne peut imaginer que des gens sensés aient pu l'abandonner sans avoir eu un juste motif. Pour mériter une telle punition, se dit-il, c'est qu'il doit avoir commis un acte d'une extrême gravité. Par conséquent, l'abandonnique pense qu'il est une personne de peu de valeur, mauvaise et négative, voire dangereuse, bref, une personne qui ne mérite pas d'être connue et aimée. La conséquence est que tout autre est censé soit rejeter d'entrée de jeu l'abandonnique, soit découvrir tôt ou tard que ce dernier n'est pas quelqu'un avec qui il peut construire une relation durable et solide. Bien entendu, l'abandonnique n'est pas du tout conscient de cela. Sa certitude va pourtant sous-tendre toutes ses relations personnelles et sociales.

Son attitude en société va donc osciller entre l'hypersociabilité et l'hyperagressivité selon qu'il ressente l'envie de plaire à tout prix ou qu'il désire provoquer le rejet puisqu'il est convaincu d'avoir à le subir un jour ou l'autre. Entre ces deux extrêmes, une multitude d'attitudes sociales sont à sa disposition. Nous allons en illustrer quelques-unes par des exemples. Il faut cependant garder à l'esprit que l'abandonnique peut passer de l'une à l'autre avec une grande facilité.

L'hypersociabilité

John est âgé de 45 ans, il est directeur dans une banque, il est marié et a deux enfants. Il vient en consultation après avoir subi une opération cardiaque devenue nécessaire du fait de problèmes coronariens. Ses proches lui ont recommandé d'essayer de comprendre ce que son corps essaye de lui dire.

Il mène une vie stressée sur le plan professionnel. En même temps, il est confronté à des difficultés dans son couple. Il passe son temps à travailler, ce que sa femme et ses enfants lui reprochent beaucoup, mais il adore son travail. C'est un homme qui est parti de rien et qui a gravi les échelons de la banque de façon rapide et brillante. Il est apprécié par tous ses collaborateurs qui voient en lui un excellent chef, très humain. Il a lui-même le sentiment d'avoir de bonnes relations de travail avec tous ses employés et la plupart de ses alter ego. Par contre, il a de gros problèmes relationnels avec l'un des directeurs avec qui il entretient des relations houleuses et conflictuelles. Cette situation dure depuis de nombreuses années, mais elle s'est aggravée au cours des mois précédents. John reconnaît qu'il est excessivement cassant avec ce collègue qui a une fâcheuse tendance à l'ignorer depuis qu'ils travaillent ensemble. Pourtant, John a tout fait pour que leur relation soit bonne. Il lui a même confié ses problèmes de couple l'année précédente. Il l'a fait afin de créer une connivence, mais cela a été un échec. Depuis, John en veut énormément à ce collègue : « Étant donné qu'il me rejette, je ne me vois plus travailler avec lui. C'est soit lui, soit moi qui pars ! »

John m'explique alors qu'il ne supporte pas le fait qu'une personne l'ignore et qu'il a absolument besoin d'être apprécié et aimé. Pour ce faire, il s'enquiert systématiquement des problèmes personnels de ses collaborateurs et essaye de tout mettre en place afin que ces derniers ne se sentent pas mal aimés ou ignorés. C'est pour cette raison qu'il ne supporte pas ce qui se passe avec cet alter ego. Quand je lui demande ce qu'il ressent, il me répond qu'il pense que son collègue est injuste de le traiter de la sorte alors qu'il lui avait fait confiance au point de se confier à lui sur un sujet personnel. D'autant que cela avait été comme une perche tendue de sa part afin que leur relation devienne « normale ». Je reviens alors à ma question et je demande de nouveau à John ce qu'il « ressent », non ce qu'il « pense ». Il me dit qu'il est triste et en colère de ne pas être parvenu à faire que son collègue le considère comme les autres collaborateurs, c'est-à-dire comme un homme estimable pour ses qualités humaines autant que professionnelles. Certes, il reconnaît qu'il n'a jamais dû faire face à des reproches ou des critiques directes de la part de ce directeur, mais il sent bien que ce dernier ne l'apprécie pas. Que désire-t-il ? « Puisque je ne peux pas me faire apprécier, alors je suis décidé à lui montrer à quel point je peux être détestable ! »

Lors des consultations qui suivent, John remonte à son enfance : son père était souvent absent pour des raisons professionnelles ; lorsqu'il revenait à la maison, il ne supportait pas d'être confronté à des problèmes posés par sa femme ou ses enfants. C'est ainsi que John, souhaitant plaire à son père, avait développé une attitude de soumission ; s'y mêlait cependant un sentiment de dévalorisation pour lequel il lui en voulait beaucoup.

Nous sommes ici dans la problématique typique d'un abandonnique qui, d'un côté, fait tout pour être aimé et estimé, quitte à sacrifier une partie importante de sa vie, en l'occurrence sa vie privée dans le cas de John, et qui, de l'autre, s'il ne reçoit pas ce qu'il désire désespérément, fait tout pour se faire haïr en adoptant une attitude agressive qui provoque forcément le rejet… Sans compter que John s'est rendu malade et qu'à travers cela il redouble la « punition » qu'il s'inflige.

L'hyperagressivité

Giselle a 20 ans. Elle souffre de crises de boulimie depuis l'âge de 14 ans, ce qui l'amène en consultation. C'est une jeune femme habillée de noir, avec des cheveux rouges et un parler direct et agressif. Elle m'explique qu'elle est issue d'un milieu privilégié, mais qu'elle est révoltée contre ce milieu qu'elle exècre. Elle est toutefois consciente qu'elle ne va pas au bout de ce qu'elle désirerait: quitter définitivement le domicile familial. Pourquoi ne le fait-elle pas? Non pour des raisons financières, car il se trouve qu'elle a hérité d'une tante suffisamment d'argent pour pouvoir vivre de façon indépendante, mais parce qu'elle désire que sa mère, qu'elle n'aime pas, comprenne à quel point elle a souffert de son indifférence à son égard... Au fil de nos rencontres, Giselle m'explique que son père et sa mère forment un couple fusionnel, et qu'étant enfant unique elle s'est toujours vue mise au second plan par eux; elle ne se souvient d'aucun moment où elle aurait occupé la première place, même quand elle a eu un accident grave à l'âge de cinq ans: ses parents ont préféré partir en week-end en amoureux et la faire garder par la nounou, plutôt que de rester à ses côtés alors qu'elle avait été renversée par un vélo et qu'elle souffrait d'une commotion cérébrale et de multiples contusions, rapporte-t-elle.

Plusieurs fois, lors des consultations, cet incident remonte à la surface, jusqu'au moment où Giselle accepte d'exprimer sa colère contre ses parents: « Leur attitude ce jour-là a été profondément injuste », finit-elle par dire. C'est à compter de cet accident que Giselle dit avoir tout fait pour attirer leur attention et adopté une attitude systématique d'opposition à tout ce que ses parents préconisaient. Elle a ainsi mis en place une série d'actes de rébellion visant à choquer ses parents et leurs amis: fréquentation de punks, coloration de ses cheveux en rouge, échec scolaire total. Elle se rend compte que son attitude est tout aussi agressive vis-à-vis des milieux auxquels elle essaye de s'intégrer, car les jeunes de ces milieux, vu son éducation et les beaux quartiers dans lesquels elle réside, ne la reconnaissent pas comme faisant partie des leurs: soit ils essayent de profiter de son argent et de ses largesses, soit ils la rejettent. Dans les deux cas, elle souffre et elle se rend compte qu'elle retrouve avec eux ce qu'elle vit avec sa mère qu'elle a placée dans sa ligne de mire (plutôt que son père!): l'indifférence ou le rejet. Ce qui déclenche chez Giselle une attitude encore plus agressive envers les autres; envers elle-même, cette agressivité se traduit par la boulimie.

L'abandonnique éprouve souvent un immense désir d'appartenance au groupe dans lequel il évolue ou auquel il essaye de s'intégrer.

Ce désir existe aussi chez des personnes ne souffrant pas de cette pathologie, mais chez l'abandonnique, il est à la mesure du vécu ressenti au moment de l'abandon, autant dire démesuré. De même, le besoin de reconnaissance de l'abandonnique par l'autre est immense : l'abandonnique a besoin des autres pour envisager qu'il peut être digne d'appartenir à un groupe et d'être reconnu par lui. Ne pouvant s'accorder par lui-même le droit d'exister, il va demander aux autres de le lui reconnaître. Si ces derniers ne lui concèdent pas ce droit d'exister de façon totale et inconditionnelle, l'abandonnique peut développer une grande agressivité. Les manifestations agressives sont en effet un des visages de l'abandonnique. Or, son agressivité provoque une agressivité en retour, que l'abandonnique interprète comme une preuve du fait qu'il existe pour l'autre ; mais l'agressivité de l'autre est également un signe de rejet, ce qui conforte l'abandonnique dans la croyance bien ancrée qu'il ne peut être qu'abandonné parce qu'il n'est pas aimable.

Le cercle vicieux dans lequel s'installe et évolue l'abandonnique peut atteindre une telle violence que celui-ci peut envisager le suicide comme une porte de sortie. Les coups donnés aux autres sont en effet rendus par ces derniers de façon tout aussi violente, et ils atteignent une personne déjà hautement déstabilisée, ce qui fait caisse de résonance. C'est ainsi qu'une personne donnant à son entourage l'impression qu'elle est forte et solide peut, « à la grande surprise de tous », opter pour le suicide afin de mettre un terme à une souffrance devenue insupportable.

Le repli sur soi

Gilles est âgé de 12 ans. Il souffre d'eczéma depuis qu'il a cinq ans, et ses parents, désespérés devant l'incapacité de la médecine traditionnelle à traiter cet eczéma qualifié d'atopique, décident de me consulter. Gilles est un enfant très calme extérieurement, très « bien élevé ». Il écoute ses parents parler et exposer son cas de façon presque trop respectueuse à mon goût. Que s'est-il passé quand Gilles avait cinq ans ? La naissance de la petite sœur de Gilles ; celle-ci était atteinte d'une maladie qui a nécessité de nombreux séjours à l'hôpital et une très grande attention de la part de l'entourage familial. Les parents de Gilles m'expliquent que c'est à ce moment-là que leur fils est devenu un enfant très responsable et particulièrement sage, ne leur posant aucun problème particulier hormis cet eczéma qui est apparu et qui a pris des proportions très importantes. Gilles est un excellent élève à l'école, il est fort apprécié de ses professeurs et en est très fier. Il est l'archétype de l'enfant que tout parent désirerait avoir : intelligent, sage, posé, réfléchi et très mûr pour son âge. Deux signes attirent néanmoins mon attention, outre l'eczéma très marqué, tandis que j'observe Gilles : il se ronge les ongles, « depuis toujours », me dit-on, et il ne sourit presque pas. Autre élément que je note : Gilles n'a pas d'amis à l'école et vit assez replié sur lui-même ; il lit beaucoup de bandes dessinées, surtout de la science-fiction, et il passe de longues heures devant son ordinateur, à jouer à des jeux de rôles en ligne, quand il a le droit de le faire.

Je lui demande s'il se sent souvent nerveux ou tendu. Au grand étonnement de ses parents, il me répond qu'il est très souvent inquiet de savoir si ses parents vont bien, s'ils ne sont pas trop fatigués ou préoccupés. Manifestement, il est très à l'écoute de ce qui se passe en eux. Il ajoute qu'il ne désire pas leur apporter de soucis supplémentaires en ayant une attitude qui puisse les blesser ou les irriter. Gilles calque ainsi ce qu'il vit sur ce qui peut faire du bien à ses parents qui ont par ailleurs beaucoup de soucis avec sa sœur. Il parle très peu d'elle, si ce n'est pour dire que c'est à cause d'elle que ses parents sont souvent nerveux et fatigués ; il est, lui, celui qui les aide à retrouver le calme. Aucune autre émotion ne transparaît chez cet enfant.

Gilles est un exemple assez représentatif de ce qu'un enfant souffrant d'abandonnite sans en être conscient peut mettre en place comme attitude vis-à-vis de son entourage afin de se faire accepter : ne poser aucun problème et passer aussi inaperçu que possible pour ne pas déranger, n'être surtout pas une inquiétude de plus pour les autres, déjà fort préoccupés, dans le cas de Gilles, par la maladie de la petite sœur. Contrairement à Giselle, Gilles, pour se faire aimer, s'efface et se tait.

Le repli sur soi et le mutisme sont en effet des attitudes que peut développer l'abandonnique. Ce dernier met alors tout en œuvre afin de ne pas déranger, de ne pas heurter ou contrarier les autres. Il garde pour lui ses émotions, ses pensées intimes et ses jugements. Ce faisant, il devient, d'une part, un grand introverti hanté par la peur de déranger, de heurter ou de contrarier et, d'autre part, un grand timide craignant par-dessus tout de paraître ridicule, de se faire remarquer, de « faire tache » dans le groupe.

Le prix à payer est lourd. Le corps va l'exprimer au moyen de tensions importantes pouvant prendre toutes sortes de formes : la nervosité intériorisée, un bégaiement ponctuel, de l'eczéma ou de l'asthme, par exemple ; autant de messages envoyés par le corps afin d'attirer l'attention de l'abandonnique sur le fait qu'il ne respecte pas son être profond.

La peur de la solitude

Georges a 55 ans. Il est veuf depuis deux ans, sa femme étant décédée d'un cancer après une longue période de souffrance pendant laquelle il l'a accompagnée. Il travaille dans la finance, à son compte. Il vient me consulter, car il a lu mon premier livre et a peur de tomber malade après ce qui s'est passé avec son épouse. Il a conscience qu'il n'a pas encore assimilé le décès de celle-ci. À présent qu'elle n'est plus là, il redoute en effet que sa peur de la solitude, qui existait bien avant qu'elle ne décède, n'éclate. Il fait donc tout pour s'entourer. En l'écoutant, je découvre cette peur : il est par exemple incapable de travailler à son ordinateur seul chez lui ; pour ce faire, il doit demander à son amie actuelle d'être présente, et il ne comprend pas pourquoi celle-ci s'y refuse souvent. Bien sûr, il ne lui dit pas : « Viens m'accompagner, car je me sens perdu si je me retrouve seul devant mon ordinateur », mais : « Viens avec moi, s'il te plaît, car j'ai à te montrer quelque chose d'intéressant sur Internet », alors qu'il n'a rien de vraiment exceptionnel à lui faire observer. Cet exemple illustre les difficultés auxquelles Georges fait face depuis le décès de sa femme avec qui il vivait depuis l'âge de 20 ans. Comme je lui demande ce qu'il ressent, il me répond qu'il est triste et que sa tristesse est sans fond. Il s'autorise à pleurer et à vivre cette émotion, puis il ajoute qu'il a l'impression que ce départ l'a « traumatisé ». Certes, il refait sa vie avec une femme qu'il aime, mais il vit en permanence dans la peur que cette dernière, assez indépendante, y compris sur le plan financier, ne le quitte.

Il reconnaît que ce sentiment n'est pas nouveau et qu'il l'avait déjà éprouvé par le passé. Habitant à Genève mais devant souvent travailler à New York, il s'était même arrangé pour avoir une amie là-bas afin de s'y sentir moins seul. Sa femme l'avait compris et s'en était accommodée, d'après lui ; et quand il se trouvait en Suisse, elle était toujours à ses côtés. Ce n'est qu'en habitant avec son amie actuelle qu'il se trouve confronté à la sensation désagréable de « ne pas être suffisamment aimé ». Georges estime par ailleurs que ce sentiment n'est pas « très sain ». Il m'explique alors qu'il l'a déjà éprouvé de façon très forte lorsqu'il était enfant. À cette époque, il résidait en Afrique avec ses parents. Il avait six ans quand ces derniers décidèrent de l'envoyer en pension en Grande-Bretagne. Par la suite, il ne revint qu'une ou deux fois par an auprès d'eux. Il dit leur en vouloir beaucoup de cette décision, tout en reconnaissant que l'éducation qu'il a reçue lui a été très profitable sur le plan de la carrière et à bien d'autres niveaux. Georges sent qu'il y a sans doute une relation entre ce qu'il a vécu à six ans et sa difficulté actuelle, mais il ne fait pas de lien direct. J'entame le dialogue : « Que ressentez-vous quand vous pensez à votre départ en Grande-Bretagne ?

– Je pense que mes parents l'ont fait pour mon bien ; ils avaient reçu la même éducation, j'ai du reste fait mes études dans le même collège que mon père.
– Mais que ressentez-vous ?
– Une immense tristesse de ne pas avoir pu profiter de mes parents, qui sont décédés assez vite après que j'ai fini mes études secondaires et universitaires.
– Avoir été envoyé loin de vos parents et les avoir perdus ensuite avant même de les connaître ne vous fait ressentir que de la tristesse ? Aucune frustration, pas de colère ?

– Non, car ce n'est pas de leur faute si les choses se sont passées ainsi. De plus, comment pourrais-je reprocher à mes parents d'avoir tout fait pour me donner le meilleur ? Cela serait totalement injuste ! »

Et Georges d'ajouter dans la foulée que le départ de sa femme lui a fait ressentir la même chose : une grande et infinie tristesse, mais aucune colère ni de frustration ou d'autre « émotion négative de cette sorte ». Mais que ressent-il lorsque son amie actuelle refuse d'être constamment à ses côtés ? « Là, oui, c'est vrai, je ressens parfois une terrible colère ; mais je la retiens, car elle est totalement disproportionnée par rapport à l'événement. Et du même coup, je suis encore plus gentil et agréable avec elle. » L'attitude de Georges m'a été confirmée par son amie, à une nuance prêt : Georges, en réalité, se renferme sur lui-même, mais comme il se sent coupable de cette attitude, il revient vers elle « tout miel » au bout de quelque temps afin de ne pas s'attirer ses foudres...

Voilà une autre attitude assez courante chez l'abandonnique : ne pas supporter de se retrouver seul et, par voie de conséquence, tout faire, y compris se comporter d'une façon contraire à ses principes, afin d'être entouré. Cette façon de réagir à la solitude est impressionnante pour l'observateur et pour l'abandonnique lui-même une fois qu'il prend conscience de ce dont il souffre ; la personne peut, en effet, du fait de sa peur panique de se retrouver seule, être conduite à agir de façon tout à fait contraire à ses valeurs : sortir tous les soirs dans des bars, flirter sans éprouver quoi que ce soit, par exemple. Certains abandonniques vont jusqu'à entrer dans des mouvements de type sectaire plutôt que d'affronter une vie de célibataire. Mais souvenons-nous que, parallèlement, l'abandonnique est convaincu que tôt ou tard il sera abandonné. Sachant cela, nous pouvons facilement imaginer que ses peurs sont immenses, et c'est ce qui le rend très dépendant.

La négation de soi

Sylvie est âgée de 32 ans ; elle est célibataire et travaille dans la publicité. Elle est une battante et passe une bonne partie de son temps libre à organiser des week-ends pour ses copains et copines. À cette occasion, elle se met en quatre pour que tous et toutes soient heureux et satisfaits. À la fin de ces moments en groupe, Sylvie est fréquemment triste, car elle ne supporte pas les départs et les séparations. Assez souvent, elle explose, reprochant à ses amis de ne pas être reconnaissants de tout le travail qu'elle fait pour eux, de ne pas la remercier et, surtout, de ne pas toujours penser à elle lorsqu'ils organisent un dîner une autre activité de leur côté. Elle désire être au courant de tout ce qui se passe dans la vie de chacun, et réagit très fortement lorsque quelque chose lui est caché. Elle s'excuse ensuite platement de son attitude. De son propre aveu, elle veut plaire et ne supporte pas d'être tenue à l'écart. « Toute chose qui ne m'est pas dite est pour moi synonyme de mépris de ma personne, et me fait très mal. Je me sens alors salie et abandonnée par l'autre.

– Comment réagissez-vous si cela se produit ?
– Soit je ne vois plus cette personne parce que je pense qu'elle a dû agir ainsi pour me nuire, soit je lui demande une explication, et si celle-ci me paraît valable, je poursuis la relation. »

Sylvie dit qu'elle a toujours été comme cela : à l'écoute des autres afin que ceux-ci se sentent bien en sa compagnie. Aussi loin qu'elle se souvienne, elle a agi de la sorte, notamment envers son père, un militaire de carrière qui ne vivait que très rarement avec les siens. Elle faisait alors en sorte que la maison soit parfaite pour son retour, et mettait un point d'honneur à ce qu'il n'y ait pas de problème entre son père et sa mère ainsi qu'entre son père et ses deux frères. Elle était la plus malheureuse des filles si son père ne passait pas de bons moments chez lui, ce qui se révélait malheureusement être souvent le cas. Elle se rappelle aussi les moments qui entouraient les départs de son père, elle dit avoir alors ressenti une

« véritable déchirure ». Elle reconnaît du reste que c'est depuis ces moments qu'elle ne supporte plus les départs et les au revoir.

Sylvie agit de la même façon à l'agence de publicité dans laquelle elle travaille : elle fait tout son possible afin que les autres se sentent bien, à commencer par son patron pour qui elle éprouve une grande admiration. Elle fait des heures supplémentaires, le plus souvent non rémunérées. « J'agis ainsi parce que je souhaite que l'harmonie règne sur mon lieu de travail autant que dans ma vie privée », explique-t-elle. Sylvie se retrouve pourtant régulièrement en butte à des vexations et à des attitudes de rejet qui la blessent. Il lui arrive alors de s'isoler, de ne plus vouloir rencontrer qui que ce soit. Dans ces moments-là, elle est obligée de constater que très peu d'amis lui font signe et que ses connaissances l'ignorent tout simplement. « Que ressentez-vous quand cela arrive ?

– Une immense tristesse, mais comme je ne suis pas une personne qui se laisse abattre par l'adversité, je me reprends et je vais de l'avant.
– Que faites-vous de votre tristesse ?
– Je pleure, ce qui me fait du bien même si cela ne m'empêche pas d'être tendue et, surtout, même si cela ne résout en rien le problème ! »

Cet exemple est celui d'une personne prête à tout afin de satisfaire l'autre et les autres. À un tel point qu'elle en arrive à ne pas se respecter elle-même, à être incapable de dire non, à accepter des humiliations et des vexations de toutes sortes. Cette attitude qui consiste à se mettre entièrement à la disposition de l'autre est motivée par une peur panique de ne pas être apprécié et aimé. Elle est excessivement répandue.

Que se passe-t-il dans la tête de la personne ? Si elle dit non à l'autre ou n'agit pas selon ce que l'autre lui demande, celui-ci sera mécontent et risquera fort de lui en vouloir. Tôt ou tard suivra la « punition » que l'abandonnique craint le plus : être rejeté, délaissé. L'idée lui en est tellement insupportable et douloureuse que l'abandonnique préfère aller contre lui-même, ne pas se respecter et se faire le plus petit possible : mieux vaut rester dans une relation, quitte à ce qu'elle ne soit pas très gratifiante, plutôt que de se retrouver seul, se dit-il. Il met alors en place une série de comportements sociaux qui font de lui « une bonne pâte », une personne « facile à vivre », « merveilleuse », car entièrement dévouée aux autres. En fait, l'abandonnique ne supporte pas que l'on ne s'entende pas et que l'on se dispute autour de lui. Il se plaint bien, par moments, de ne pas être respecté, mais il revient très vite sur sa plainte. Il préfère « choisir » de souffrir plutôt que de faire souffrir l'autre ou les autres, en espérant que sa façon d'être lui apportera en retour la considération, le respect et l'amour de ceux qui l'entourent. Bien évidemment, son attitude ne lui rapporte la plupart du temps que de la condescendance, de l'irrespect et de l'indifférence, ce qui renforce le cercle vicieux dans lequel l'abandonnique évolue.

La soif de reconnaissance

Joseph est âgé de 34 ans et est homosexuel. Il souffre d'angoisses profondes depuis l'âge de 14 ans, ce qui le motive à venir me consulter. Il me dit assumer totalement son homosexualité depuis qu'il a fait un travail sur lui-même avec un psychologue une dizaine d'années plus tôt. Longtemps, il a pensé que ses angoisses étaient liées à sa peur des réactions des autres face à son homosexualité, mais il dit avoir compris que cela n'est pas le cas puisqu'il ne craint plus de dire son homosexualité. Il se rend cependant compte que, de façon très régulière, il se trouve en butte à des attitudes de rejet de la part de collègues de travail ou de personnes qu'il fréquente dans son cercle d'amis.

Au fil des consultations, Joseph prend conscience qu'il préfère être aimé ou détesté plutôt qu'ignoré. Il me déclare que la pire des choses qui puisse lui arriver serait de passer inaperçu. Il avoue être très original dans ses goûts et dans sa façon de vivre sa vie privée ; il parle avec le timbre haut et de manière très volubile. Tandis qu'il me raconte tout cela, il commence à mettre en relation son désir d'attirer l'attention des autres et sa peur profonde de ne pas être reconnu.

À quand remonte cette peur ? Joseph a pris conscience de son homosexualité à 14 ans. Il a immédiatement eu l'intuition qu'elle ne serait pas du tout acceptée par son père ni son frère avec qui il avait depuis longtemps des problèmes relationnels alors qu'il s'entendait parfaitement bien avec sa mère. Son homosexualité allait rendre les relations encore plus difficiles qu'elles ne l'étaient, et cette perspective le torturait. « Que ressentiez-vous à l'époque ?

– Beaucoup de tristesse et une certaine colère du fait de ne pas être accepté comme j'étais, avec des différences qui ne se limitaient pas à mon homosexualité. »

Ce sentiment de ne pas être accepté par son père et son frère remontait à sa naissance. Certes, Joseph avait tenté de parler avec eux, mais il n'avait jamais réussi à développer de vraies relations. Il savait, par ailleurs, que certaines de ses attitudes les dérangeaient et les irritaient ; ainsi, il prenait souvent le contre-pied de ce que son frère aimait, constatant que cela provoquait aussitôt une réaction forte de la part de ce dernier. Par exemple, celui-ci adorait le football et passait beaucoup de son temps libre à y jouer et à regarder les matchs à la télévision. Joseph s'était alors mis à critiquer ce sport, qu'il n'aimait pas particulièrement, mais qu'il ne détestait pas non plus, et à faire des scènes telles que ses parents devaient intervenir. Ce qu'il souhaitait avant tout, c'était attirer leur attention.

Petit à petit, Joseph prend conscience qu'il a mis en place une série d'attitudes toutes plus provocantes les unes que les autres afin que « les autres ne puissent pas l'ignorer, quitte à ce que cela aboutisse à un rejet ». Il réalise que cette façon d'agir est en réalité une réaction « pour ou contre » les autres, non une action pour lui-même ; il se rend également compte que ses angoisses sont intimement liées à ces attitudes, liées à sa crainte de ne pas être reconnu, voire d'être ignoré. C'est cette peur profonde qui est le moteur réel de sa façon d'être avec les autres, une façon d'être qui est une façon de paraître. Il se rend compte du cercle vicieux dans lequel il s'est installé, et il se demande comment il peut s'en sortir.

Joseph présente certains traits de l'abandonnique : son attitude sociale est une provocation constante afin d'être reconnu à tout prix, même si cela doit aboutir au rejet qui est la chose qu'il craint le plus et dont il souffre depuis son enfance. Cette apparente contradiction est souvent au cœur de la problématique de l'abandonnique : il met tout en place afin de récolter les louanges et l'amour, mais il peut ensuite à ce point provoquer l'autre, inconsciemment ou consciemment, qu'il récolte ce qui le fait le plus souffrir, c'est-à-dire le rejet ou l'abandon. Mais cette contradiction n'est qu'apparente ; n'oublions pas en effet que l'abandonnique est convaincu qu'il n'est pas aimable et a ancré en lui l'idée qu'on ne peut que l'abandonner tôt ou tard. Mieux vaut alors hâter la fin plutôt que l'attendre ; la blessure sera ainsi moins grande et moins douloureuse. Il est aisé de comprendre que l'autre en face de qui l'abandonnique souffle alternativement le chaud et le froid sans raison logique y perde son latin et surtout sa patience, et réagisse de la façon la plus attendue par l'abandonnique, bien que tout à fait inconsciemment : le refus de rester en relation. La personne abandonnée interprétera immédiatement cela comme un pur et simple nouvel abandon. Et le cercle vicieux pourra continuer indéfiniment !

À travers ces exemples, nous nous rendons compte à quel point l'abandonnique, certain qu'il ne peut mériter que le non- amour et l'abandon, crée de toutes pièces son propre malheur. Comme nous l'avons déjà souligné, il peut passer d'une attitude à l'autre, mais il peut aussi allier l'une à l'autre ; toutes les gammes peuvent être jouées par l'abandonnique, car il est à la recherche d'un mieux-être. Il désire en effet profondément se sentir mieux tout en étant apprécié et aimé par les autres. Tel est le dilemme dans lequel il est enfermé : comment parvenir à se respecter lui-même et à se faire respecter par les autres tout en étant persuadé au tréfonds de lui que ceux-ci l'abandonneront tôt ou tard ? C'est ainsi que l'abandonnique peut passer de l'amour à la haine des autres, de la négation à l'affirmation outrancière de soi, du repli volontaire sur lui-même à la peur de se retrouver seul. C'est aussi pourquoi il va totalement surprendre et irriter les autres par des volte-face subites ou par un immobilisme consternant. La souffrance et la destruction que s'inflige l'abandonnique, couplées à l'illogisme de son attitude, sont souvent critiquées par l'observateur. Ce qui ajoute à une douleur déjà profonde et creuse un peu plus le cercle vicieux dans lequel l'abandonnique évolue. Ses peurs et ses angoisses peuvent alors devenir très fortes et lui faire perdre confiance en lui ; il peut au contraire se retirer et développer un sentiment d'invincibilité. Dans les deux cas de figure, l'abandonnique risque fort d'attirer à lui des personnes qui vont soit profiter de lui, soit tout faire pour le blesser afin de lui montrer qu'il est loin d'être invincible.

Chapitre 4

Les attitudes affectives de la personne abandonnée

Une variété infinie d'attitudes affectives se trouve à la disposition de l'abandonnique. Nous allons découvrir que celui-ci peut passer de l'une à l'autre avec une grande facilité. Toutes ces attitudes sont néanmoins issues de cette simple, certains diront simpliste, constatation à laquelle est parvenu l'abandonnique: « On ne peut m'aimer, car je ne suis pas aimable. » Il s'est forgé cette certitude à travers des expériences vécues soit durant sa vie fœtale, soit au cours de sa vie d'enfant, soit enfin, ce qui est plus rare, pendant sa vie d'adolescent ou d'adulte. Chaque nouvelle expérience l'a ramené à cette conclusion. Il est certain que l'abandonnique est inconscient du cercle vicieux dans lequel il s'est mis, même s'il a souvent conscience du caractère répétitif de ses expériences affectives. Malgré cela, comme beaucoup de malades ou de personnes souffrantes, il rend généralement l'autre responsable de son malheur.

La conquête à tout prix

Pierre est âgé de 45 ans. Il est marié et a deux enfants. Depuis sa première expérience sexuelle, à l'âge de 13 ans, il a collectionné les aventures et, bien que marié, il ne peut s'empêcher de continuer à conquérir les femmes. Il est tout à fait conscient du fait que sa conduite lui cause des « complications » dans sa vie de couple, d'autant que cela s'est déjà produit à deux reprises par le passé. Sa femme lui avait alors posé un ultimatum afin qu'il change, mais Pierre, bien qu'il l'aime et ait envie de rester avec elle, ne sait pas comment s'y prendre. Certes, il essaye de tout faire pour ne pas se laisser aller à son « penchant naturel » ; il est cependant presque sûr de ne pas pouvoir y parvenir. Aussi se réfugie-t-il dans le travail et refuse-t-il de sortir avec des amis de peur de se retrouver dans des situations où il ne pourrait pas renoncer à la tentation de tout faire pour conquérir une femme.

Pierre me dit qu'il aime profondément son épouse, qu'il n'a aucun désir de la quitter, mais qu'il a peur que ce soit elle qui parte à cause de son attitude à lui et des deux liaisons qu'elle a découvertes. L'appréhension de Pierre remonte en fait à leur première rencontre, vingt-cinq ans plus tôt. Il avait alors fait sa connaissance lors d'une soirée chez des amis communs alors qu'il était en compagnie d'une petite amie. L'attirance mutuelle avait été très forte et c'est ainsi que Pierre et sa future femme étaient bientôt sortis ensemble. Entre-temps, il s'était séparé de son amie. Il avait cependant longtemps hésité avant de le faire, car, me dit-il : « Je ne pensais pas que celle qui allait devenir ma femme resterait avec moi.

– Pourquoi aviez-vous cette crainte ?
– Parce qu'elle était trop sérieuse pour vraiment s'attacher à moi. Et lorsque nous avons décidé de nous marier, même si j'étais le premier à désirer cela du fond de mon cœur, je n'y croyais pas ! Par moments, je continue encore de ne pas y croire... »

Pierre reconnaît qu'il va de conquête en conquête pour se rassurer. Ce besoin de réassurance n'est pas lié chez lui à un besoin de performance sexuelle, mais plutôt à sa peur de ne plus être aimé par sa femme et de se retrouver seul. Pour cette raison, il préfère avoir une autre personne dans sa vie, même s'il ne s'agit pas de quelqu'un qu'il aime vraiment. Cela lui permet de faire face à l'éventualité du départ de sa femme. Il est parfaitement conscient du fait que, si celle-ci découvre ses relations extraconjugales, elle aura toutes les raisons de le quitter, mais sa hantise d'être abandonné par elle est trop grande. Pourtant, Pierre, qui n'est pas idiot, est capable de se dire que si sa femme ne l'a pas quitté en vingt-cinq ans, c'est qu'elle n'est pas prête à le faire, sans doute parce qu'elle éprouve des sentiments très profonds à son égard. Malgré cela, Pierre redoute un abandon. Il essaye de se raisonner en se disant que sa peur est totalement infondée, mais il doit constater que sa crainte subsiste malgré tous ses efforts de logique et de raisonnement.

En remontant dans son passé, Pierre se rend compte que son appréhension d'être abandonné est liée au fait que, s'étant retrouvé seul avec sa mère à l'âge de trois ans, après le divorce de ses parents, il avait durant toute sa jeunesse redouté le départ de celle-ci. Cette « peur panique », ainsi qu'il la qualifie, s'est trouvée renforcée lorsque sa mère a rencontré un autre homme qu'elle a fini par épouser et avec qui elle a conçu un second enfant, qui est sa demi-sœur. Pierre n'a jamais aimé son beau-père même s'il ne peut rien lui reprocher de façon objective. Il continue d'ailleurs d'en vouloir à sa mère de s'être mariée avec cet homme. Bien qu'il fasse le lien entre ce qu'il a vécu avec sa mère et la peur profonde et irraisonnée de se retrouver abandonné par sa femme, Pierre ne voit pas très bien comment il pourrait se libérer de ce passé.

Pierre est un exemple de réaction à la hantise d'être abandonné : il a mis en place une sorte de « filet de sécurité anti-abandon » en ayant deux relations. Ainsi, s'il est délaissé par sa femme, il souffrira bien entendu de cette séparation, mais il pourra en quelque sorte en limiter les conséquences douloureuses, car il ne se retrouvera pas entièrement seul. En même temps, le fait même de vivre deux relations met en péril sa vie conjugale, car cela accroît les risques d'être laissé par sa femme, ce qui à son tour augmente la peur de Pierre... En réalité, Pierre crée de lui-même et pour lui-même la situation qu'il redoute tant de vivre : sa femme, à force d'être trahie et abusée, va le quitter, ce qui provoquera un séisme affectif chez lui. Lui, verra dans ce départ la preuve qu'il avait raison de se méfier et une invitation à être encore plus vigilant dans le futur afin de se protéger d'un nouvel abandon. Et Pierre, s'il ne se soigne pas, conclura qu'il n'est pas fait pour aimer puisqu'il est trahi dès qu'il se livre vraiment. Dans une prochaine relation, il se murera encore un peu plus dans son attitude de méfiance, et éventuellement d'agressivité, et mettra vite en place une deuxième, voire une troisième relation pour se ménager une porte de sortie.

Parce qu'il continuera de se comporter de façon à faire échouer ses relations, Pierre ira d'une relation à une autre. Les risques sont grands, en effet, que l'autre découvre son jeu. Par ailleurs, sa peur d'être trahi et abandonné entame la plénitude de sa vie de couple : il refuse de se laisser aller pleinement, sans retenue, dans la relation, car il est convaincu qu'il sera délaissé un jour ou l'autre. Pour cette raison, moins il s'investit dans une relation, mieux c'est pour lui. Il est aussi évident que la personne vivant avec un abandonnique se sent frustrée de ne pas recevoir ce qu'elle désire, d'autant plus qu'elle sait qu'il pourrait le lui apporter. Aussi partira-t-elle après avoir fait preuve de plus ou moins de patience.

Le départ de son partenaire laissera à l'abandonnique une grande amertume et beaucoup d'aigreur et de rancune. Bien entendu, ces sentiments augmenteront au fur et à mesure des abandons, de même que les peurs liées à la vie de couple. C'est ainsi que l'abandonnique se retrouve progressivement face à une situation inextricable : créer une nouvelle situation d'échec ou entrer dans un état de grande désespérance.

Le désespoir fait en effet partie des réactions de l'abandonnique ; il vient de ce que celui-ci ne voit pas comment sortir du cercle vicieux dans lequel ses relations avec les autres, hommes et femmes, le conduisent. Les autres étant responsables de ce qui lui arrive, comment peut-il y remédier ? Il se sent totalement désarmé face à ce qui lui arrive, trouve cela injuste et ne comprend pas pourquoi cela lui arrive à lui, alors qu'à d'autres tout semble sourire. C'est ainsi que certains abandonniques plongent dans un état de profond désespoir qui n'est nullement feint, mais s'apparente au contraire à un puits sans fond. Souvenons-nous d'une chose importante : seul le mental peut amener une personne à l'aigreur, à l'amertume et à la rancune. Car qu'est-ce que cette résistance si ce n'est un barrage contre de la colère ? Et quelle partie de nous nous empêche d'exprimer nos émotions si ce n'est notre mental ? !

La dépendance affective

Louise est âgée de 27 ans et est célibataire. Son rêve est de vivre une relation pleine et totale avec un homme, mais elle n'y parvient pas. Chaque fois qu'elle en rencontre un, elle se rend compte qu'après une bonne relation au départ elle se met à répondre aux attentes de celui-ci et disparaît petit à petit à son profit. Elle en est consciente. Elle voit bien qu'elle tolère progressivement des attitudes inacceptables et elle constate qu'elle accomplit des tâches dont elle n'a aucune envie à seule fin de « préserver l'équilibre du couple ». D'un autre côté, elle a souvent le sentiment d'être trop dure et trop exclusive. Elle réagit alors contre « ces mauvais penchants » en acceptant des compromis qu'elle trouve difficiles, mais qui lui permettent de ne pas perdre l'autre. Alors qu'elle a « tout pour être heureuse », selon ses propres mots, elle ne l'est pas. De façon régulière, ses amis l'ont quittée alors qu'elle avait tout mis en place pour que leur relation puisse perdurer.

Elle a consulté un psychologue qui lui a dit qu'elle souffrait de dépendance affective et lui a expliqué ce que cela signifie : elle ne peut se sentir libre dans une relation affective, car elle instaure immédiatement une dépendance vis-à-vis de la personne avec laquelle elle entretient une relation. Cette dépendance prend différentes formes : Louise attend constamment que son partenaire lui propose quelque chose, elle n'entreprend rien elle-même, ni pour elle-même, de peur qu'il ne soit pas d'accord ou veuille faire autre chose, et elle se soumet à tous ses caprices afin de ne pas le blesser ou le voir la quitter.

En fait, la peur d'être délaissée, abandonnée, sous-tend toute sa vie affective ; c'est cette peur qui est à l'origine de son attitude de compromis et de soumission. Louise sait qu'elle manque de respect à elle-même en agissant de cette façon, et que, ce faisant, elle ne peut s'attendre à être respectée par son ami, mais elle ne peut s'empêcher d'agir de la sorte. Son attitude extérieure est à l'opposé de celle de Pierre; pourtant, le résultat est le même: l'abandon est au bout du chemin avec son cortège de souffrances, de dévalorisation, de situations d'échec, de rancune et de désespoir.

Le manque de confiance en soi

Ange est âgée de 33 ans, et célibataire. Elle est tombée à plusieurs reprises amoureuse d'hommes très différents les uns des autres. Elle s'était fiancée avec le premier et ils pensaient se marier. Leur vie commune était calme et rangée, sans problème, mais « le grand frisson » manquait à Ange. Elle pratiquait alors le sport de façon excessive et boulimique et souffrait de troubles de la sphère alimentaire. Au bout de quelques mois, comme il lui fallait s'engager de façon définitive, elle hésita. Au même moment, elle rencontra un autre homme dont elle tomba très amoureuse, ce qui la fit rompre assez rapidement avec son fiancé. Elle vécut pourtant cette rupture de façon très douloureuse, ce qu'elle explique en disant qu'il est difficile de rompre avec une personne avec qui on a de « nombreux souvenirs agréables ». À l'époque, elle a tout fait pour rester amie avec son ancien fiancé, mais, blessé, il ne désirait pas cette amitié. Comme elle souffrait beaucoup, des difficultés relationnelles surgirent avec son nouvel ami, qui avait peine à accepter ce qu'elle lui faisait vivre: des scènes excessivement violentes sur le plan verbal, à l'occasion desquelles elle lui reprochait d'être responsable de sa rupture et de tout ce dont elle souffrait. Après plusieurs mois houleux, la nouvelle relation s'installa, mais Ange resta sur ses gardes et ne s'y investit pas complètement. Elle critiquait souvent son ami, lui reprochait de ne pas être suffisamment disponible, supportait mal sa façon de vivre et ne partageait pas ses choix. Bref, elle se montrait froide et plutôt distante. Jusqu'au jour où elle découvrit que son ami la trompait... Cela créa un séisme chez Ange: elle n'accepta pas ce qui s'était passé. À la demande de son ami, elle décida néanmoins de continuer la relation, qui dura jusqu'au moment où son ami lui demanda de s'engager sérieusement et de partager sa vie. À ce moment-là, Ange décida de le quitter. Elle venait juste de rencontrer un autre homme avec qui une nouvelle relation était en train de naître...

Il faudra deux nouvelles relations relativement semblables pour qu'Ange se pose les vraies questions : pourquoi se retrouve-t-elle dans le même genre de situations alors que les hommes sont fort différents les uns des autres ? En effectuant un travail sur elle-même, Ange est remontée aux abandons répétitifs qu'elle avait vécus durant son enfance et a ainsi pu commencer à se traiter.

Ange est un autre exemple d'attitudes adoptées par la personne souffrant d'abandonnite : elle souhaite ardemment une relation pleine et entière, mais elle ne s'engage pas totalement. Les excuses sont multiples. Le plus souvent, les abandonniques font état de blessures liées à des relations antérieures. Ange ne s'engage pas pleinement, parce qu'un ami l'a trompée par le passé, ou parce qu'un autre ne s'est pas montré à elle tel qu'elle pensait qu'il était. Elle est convaincue de ce qu'elle dit et ne tolère pas qu'on lui reproche d'être tendancieuse. Non, elle est simplement « observatrice », et, à ce titre, elle constate que l'autre ne fait pas ce qu'il devrait : il ne s'engage pas assez vite ou il s'engage trop vite, il s'engage insuffisamment ou il lui en demande trop. En résumé, Ange est toujours insatisfaite de ce qu'elle reçoit et elle le reproche en général de façon assez agressive à son ami du moment. Si celui-ci fait alors mine de la quitter, elle réagit soit par la peur d'être abandonnée et fait tout pour qu'il revienne, soit par une attitude de rejet qui met immédiatement fin à la relation. Ces moments sont souvent violents sur le plan affectif, et Ange est la première à en souffrir.

Nous retrouvons chez Ange les mêmes ingrédients que chez Pierre et Louise : la peur d'être quitté qu'Ange masque en se projetant en avant. Une autre crainte est apparue lors des entretiens que j'ai eus avec elle : celle de ne pas être à la hauteur des espérances de son partenaire. Cette crainte était liée à un profond manque de confiance en soi très courant chez les abandonniques. En effet, si on les a délaissés, c'est qu'ils n'avaient pas suffisamment de valeur sur le plan tant affectif qu'intellectuel. Si la mère ou le père se permet de ne pas considérer son enfant comme étant digne d'affection, c'est que cet enfant a des tares importantes. Et même si l'enfant, devenu adulte, n'a pas identifié lesdites tares, il est certain de les avoir et certain que tout partenaire éventuel les découvrira. Alors l'abandon surviendra ! L'abandonnique a souvent l'impression d'être un imposteur, c'est-à-dire une personne prétendant être quelqu'un de bien alors qu'elle est en réalité tout le contraire. Cette idée fausse repose sur des faits très concrets qui ne sauraient être mis en doute : les abandons, rares ou nombreux, que l'abandonnique a subis. Nous nous retrouvons devant le cercle vicieux dans lequel la personne souffrant d'abandonnite est enfermée.

La peur et la culpabilité liées à la séparation

Irène est âgée de 45 ans. Elle est en pleine procédure de divorce avec son mari auprès de qui elle a vécu vingt-cinq ans. Elle a deux enfants, âgés de 20 et 22 ans, qui étudient dans d'autres villes que la leur. Le départ du fils cadet du domicile familial, six mois plus tôt, a été un grand choc pour le couple. C'est peu de temps après qu'Irène et son mari ont pris la décision commune de se séparer. Irène ne comprend donc pas pourquoi elle souffre autant de cette séparation, d'autant qu'elle la désirait depuis longtemps. Elle m'explique en effet que sa vie de couple était insatisfaisante depuis de nombreuses années, mais qu'elle avait supporté la situation pour ne pas perturber ses enfants. Elle n'a pas de sérieux problèmes financiers, car elle jouit d'une fortune personnelle qui la met à l'abri du besoin. Par ailleurs, la procédure de divorce se fait à l'amiable avec un mari qui n'est ni violent ni irrespectueux. Bref, tout est en place pour que le divorce se passe bien, et le futur semble lumineux, voire radieux. Certes, Irène est triste, elle ressent aussi une certaine colère. Elle dit cependant commencer à s'habituer à la séparation et à faire le deuil de sa vie passée. Elle s'est même permis de pleurer le départ de ses enfants. Pourtant, malgré ces efforts, elle se rend compte qu'elle n'arrive pas à tourner la page. Constamment, elle pense à l'époque où elle vivait entourée de sa fille et de son fils. Même si ces derniers vaquaient à leurs occupations, ils habitaient dans l'appartement. À présent,

Irène se retrouve seule, d'autant plus que son mari vient de quitter le domicile conjugal avec son plein accord. Bien entendu, elle continue à fréquenter ses amies et à les recevoir chez elle, mais elle ne peut s'empêcher de se sentir « terriblement seule, désespérée et inconsolable ». Elle souffre de troubles du sommeil, elle a beaucoup de difficulté à se concentrer au travail et elle a l'impression de glisser vers une dépression profonde. Elle comprend d'autant moins ce qui lui arrive qu'elle n'est pas d'une nature dépressive : elle ne s'est jamais laissée aller à trop s'appesantir sur son sort et, dit-elle, « même si j'ai connu des périodes difficiles dans ma vie, j'ai toujours su les surmonter et aller de l'avant ». À la fin de notre premier entretien, elle m'avoue que la chose qui la dérange et la trouble le plus est sa peur panique de se retrouver seule.

Cette peur est apparue pour la première fois dans sa vie après le décès de sa mère alors qu'elle avait trois ans, puis elle avait disparu après que son père eut installé une nounou à demeure. Des années plus tard, lorsque cette nounou partit, Irène avait de nouveau éprouvé un grand vide, mais c'est à ce moment-là qu'elle avait rencontré l'homme qui est devenu son mari. Lors du décès de son père, dix ans plus tôt, elle avait réussi à surmonter cette même peur, qui revenait, en s'investissant davantage auprès de ses enfants et dans son travail. « Maintenant les choses sont différentes, car je me retrouve orpheline, sans enfant et sans homme dans ma vie ; bref, me voici vraiment seule et totalement livrée à moi-même. »

Lorsque je rencontre Irène pour la deuxième fois, une quinzaine de jours plus tard, elle va franchement mal : elle souffre de troubles du sommeil importants, se sent excessivement fatiguée et pleure pour un rien. Elle s'en veut de ne pas arriver à lutter contre cette « tristesse sans fond » qui semble croître au fur et à mesure qu'elle pleure. Pendant la consultation, elle prend conscience qu'elle éprouve une profonde colère contre son mari « qui l'abandonne ». Elle ne comprend pas la logique de cette émotion : « Pourquoi est-ce que je lui en veux de m'abandonner alors que je désire cette séparation depuis des années ? C'est totalement illogique ! Cela prouve bien que je vais très mal. » Irène mettra du temps à accepter sa colère et à la mettre en relation avec celles qu'elle ne s'était jamais permis de ressentir consciemment dans le passé : les colères liées au décès de sa mère, au départ de sa nourrice et, enfin, au décès de son père ; autant d'émotions profondes qu'elle n'a jamais reconnues en elle. Irène comprendra par la suite que si elle a mis des années à prendre la décision de se séparer, c'est que la peur de se retrouver seule et abandonnée était ancrée en elle. Quant à la raison qu'elle invoquait, celle de ne pas vouloir perturber ses enfants, elle réalisera qu'il s'agissait d'une fausse excuse.

Irène illustre parfaitement ce qui peut se passer chez un abandonnique : à l'âge de trois ans, elle est profondément en colère lors du décès de sa mère, mais elle ne peut l'exprimer, car son mental lui interdit de le faire. Elle se raisonne. Du même coup, son « petit vélo » prenant la direction des opérations la poussa à fuir le moment présent (car là se trouvait sa colère !) et à se tourner vers le futur, avec son lot d'appréhensions, et vers le passé, avec son lot de remords, de regrets et de culpabilité. Dans le cas d'Irène, c'est la peur qui est devenue sa compagne de route ; cette peur qui l'a poussée à épouser son mari afin de ne pas se retrouver seule après le départ de sa nourrice, alors que, de son propre aveu, elle n'était pas franchement éprise de lui. Toute une partie de sa vie s'est ainsi trouvée conditionnée par le simple fait qu'elle se sentait rejetée et abandonnée. Son mental, qui l'a protégée quand elle était enfant, s'est par la suite révélé dévastateur, car il a continué d'empêcher Irène de prendre conscience de ce qu'elle ressentait, d'où sa peur et son sentiment de culpabilité. De fait, si de nombreux abandonniques ont des craintes et des doutes, de nombreux autres sont rongés par le remords : ils regrettent d'avoir quitté les autres avant d'avoir été quittés ! Ils se mettent alors à se rendre coupables de tout ce que la relation a de négatif. Bien entendu, l'abandonnique peut passer très facilement de la peur à la culpabilité et de la culpabilité à la peur étant donné que les deux sont des créations de son mental.

L'organisation du rejet

Une autre attitude relativement fréquente chez l'abandonnique consiste à ne laisser à l'autre aucune possibilité de l'aimer. C'est le cas d'André avec qui Isabelle a une relation depuis quelques mois. Elle apprécie beaucoup cet homme qu'elle décrit comme une personne sensible, respectueuse, intelligente et ouverte. Au tout début de leur relation, elle a été surprise par le mélange de froideur et de grande chaleur émanant de son ami, mais elle s'y est faite et se sent de mieux en mieux dans la relation. Pourtant, un jour qu'elle dit ce qu'elle ressent à son ami, ce dernier se met soudainement à devenir insupportable, ce qu'elle ne comprend pas. Qui plus est, quand elle le lui fait remarquer, elle reçoit en retour des remarques totalement déplacées, voire agressives. Elle a l'impression que son ami joue un jeu qui ne correspond pas à ce qu'elle connaît de lui. En fait, elle se retrouve confrontée à quelqu'un qui, de sensible et respectueux qu'il semblait être, est devenu insensible et agit comme un vrai goujat. Petit à petit, Isabelle prend conscience du fait que son ami souffre beaucoup derrière la façade qu'il affiche et qui ne laisse rien transparaître. Pour cette raison, elle lui conseille de consulter, ce qu'il accepte. C'est ainsi que je fais sa connaissance.

André a 27 ans, il est physiothérapeute et célibataire. Il me dit qu'il se sent « piégé » dans la relation qu'il entretient avec Isabelle : d'un côté, il l'aime, mais de l'autre, il ne supporte pas qu'elle ait si vite deviné qui il est au-delà de l'apparence qu'il souhaite donner de lui-même. Devant mon étonnement, il m'explique qu'il a beaucoup de peine à accepter sa propre sensibilité ainsi que certaines de ses autres qualités. Voilà pourquoi, me dit-il, il déteste que l'autre les perçoive, lui en fasse part et l'en complimente. Du même coup, il dit réagir « afin de bien prouver à Isabelle qu'elle se trompe de personne. Certes, je peux me montrer sensible et respectueux, mais en réalité, au fond de moi, je suis tout le contraire. La preuve : l'autre finit toujours par me laisser parce que je suis odieux, égoïste et insensible ». Cette tirade étant faite, je sens qu'André est soulagé d'un grand poids ; c'est comme s'il venait enfin d'avouer qui il est « vraiment ». Comme je le lui fais remarquer, il tente de nouveau de me prouver qu'il est réellement la pire des personnes qu'une femme, notamment Isabelle, puisse aimer...

Il faudra beaucoup de temps à André pour accepter d'envisager qu'il est une personne « aimable ». Il lui faudra remonter au fait qu'après la naissance de sa petite sœur, alors qu'il avait deux ans, il s'était senti « éloigné par ses parents » au profit d'elle, qui était malade et nécessitait beaucoup de soins et d'attention. Il avait alors éprouvé une telle colère qu'il était allé jusqu'à souhaiter la mort de sa sœur : « Je la détestais, car elle prenait toute la place. » Il s'était senti très coupable de ses pensées. C'est depuis lors qu'il se voyait comme « un être trompant son monde, ayant l'air gentil, mais qui au fond est un monstre ».

André eut l'une des réactions classiques des victimes d'abandon : comme il ne pouvait pas se permettre d'être en colère contre sa petite sœur, il n'exprima rien. Du même coup, son mental prit le dessus ; il le fit se sentir coupable de désirer faire du mal à une personne proche et aimée : sa petite sœur. N'était-il pas mauvais et dangereux d'oser imaginer tuer sa sœur ? Il était donc anormal qu'on l'aime. Et la boucle était bouclée ! Comme le montre le cas d'André, s'il arrive que l'autre ne se rende pas compte que l'abandonnique est mauvais, ce dernier fera tout pour le lui prouver...

La souffrance de l'abandonnique a deux versants : le sentiment de ne pas correspondre à ce que l'autre attend, et la certitude que la rupture est inéluctable. Cette rupture, lorsqu'elle se produit, lui apparaît comme une nouvelle preuve qu'il ne peut être aimé. De plus, elle aggrave sa colère souterraine, colère qu'il ne peut ni ressentir ni exprimer, car elle est bloquée par son mental, ce qui nourrit son sentiment de culpabilité. Une autre issue est possible : l'abandonnique entrera dans une rage froide qui le poussera à se « venger » dans ses relations ultérieures. Il sera alors d'entrée de jeu dans une relation de pouvoir au sein de laquelle il se montrera cassant, exigeant et dominateur. Les chances sont alors très fortes qu'il se retrouve face à un nouvel échec et souffre de nouveau. Ces schémas de relation peuvent se répéter indéfiniment, jusqu'à ce que l'abandonnique se rende compte qu'il peut faire quelque chose afin de stopper ce cercle vicieux qui le fait tant souffrir.

En résumé

Ces exemples nous montrent bien comment la personne abandonnée s'organise, de façon totalement inconsciente, pour reproduire le schéma de l'abandon dans sa vie. Elle est capable de mettre tout en place afin d'être abandonnée, de provoquer son abandon par son partenaire, ou d'abandonner elle-même celui-ci.

L'abandonnique réagit comme toute personne agressée qui n'a pas été traitée. Au moment de son agression, la victime ressent une profonde colère envers son bourreau, c'est-à-dire celui ou celle qui perpètre l'acte de violence physique ou verbale. Le plus souvent, elle ne peut l'exprimer à ce moment-là pour au moins deux raisons : d'une part, elle est trop occupée à sauver sa vie ou sa peau, d'autre part, elle n'en a pas le temps. Après l'agression, la victime se retrouve donc avec sa colère en elle. Que se passe-t-il lorsque de la colère reste ainsi bloquée à l'intérieur de soi ? Cela crée une tension qui, comme nous l'avons déjà mentionné, peut soit dégénérer en maladie, nous sommes alors dans le cas d'une implosion, soit devenir tellement insupportable que la personne va faire une crise de rage ; nous sommes alors dans le cas d'une explosion. La crise de rage est hautement violente et destructrice et n'a rien à voir avec la colère ressentie et exprimée. Elle est vécue par celui ou celle qui la subit comme une vraie perte de contrôle qui n'entraîne aucun soulagement ni bien-être, bien au contraire : la personne va se sentir coupable et va désormais tout faire pour réprimer encore plus ce qu'elle ressent. Évidemment, elle perdra de nouveau le contrôle d'elle-même tôt ou tard, et le cercle vicieux de la violence se poursuivra. Les victimes d'abandon peuvent bien sûr passer de l'implosion à l'explosion, et ainsi tout mettre en œuvre pour se faire abandonner par l'autre ou abandonner l'autre. Mais quel que soit son choix, l'abandonnique conservera intactes en lui à la fois sa grande colère et la tension issue du blocage de cette colère par son mental. De plus, chaque nouvel abandon aggravera la situation et augmentera l'intensité et la profondeur de sa colère. La souffrance, de plus en plus importante, conditionnera à son tour des attitudes personnelles et sociales risquant d'être de plus en plus pathologiques et autodestructrices.

L'implosion, tout comme l'explosion, a en effet de bonnes chances de s'amplifier... S'il y a implosion, des maladies apparaissent, qui passent généralement d'un état aigu à un état chronique, ou d'un état bénin à un état malin ; en d'autres termes, la maladie gagne en intensité ou en étendue. Les deux autres compagnons de l'abandonnique, la peur et la culpabilité, se font quant à eux de plus en plus présents ; d'autant plus que le mental continue de bloquer l'expression de la colère initiale. L'abandonnique se voit ainsi empêché de se centrer sur les émotions qu'il ressent ici et maintenant. Nous avons pu constater, dans les exemples donnés, que la peur est souvent omniprésente : l'abandonnique appréhende d'avoir à subir un nouvel abandon. Pour éviter cela, il s'engage dans des voies dangereuses dont il ne connaît pas les issues, ce qui aggrave sa peur. Bref, toutes les peurs possibles et imaginables deviennent ses compagnes de route. Et si ce ne sont pas ses peurs, le sentiment de culpabilité risque fort de prendre le dessus. L'abandonnique se culpabilise en effet toujours : il se reproche d'être sans cœur, violent, de faire mal à l'autre en l'abandonnant, d'être indigne de la confiance que l'autre lui accorde, de tromper l'autre ou de ne pas s'investir dans la relation comme il sait qu'il le devrait.

De façon progressive, une évidence s'installe chez l'abandonnique : il n'est pas à la hauteur des autres ni des événements, et il trompe son monde. L'abandonnique est l'exemple de la personne habitée par la « honte toxique » que John Bradshaw définit comme « le sentiment que quelque chose cloche en soi-même et que l'on n'y peut rien[18] ». L'abandonnique connaîtra bien entendu des moments de bonheur et de bien-être. Mais, persuadé qu'il n'y a pas droit, il mettra très vite en place une stratégie afin que ces moments soient les plus courts et les plus rares possible. Son mental va l'aider, car il est orfèvre en la matière. C'est ainsi que l'abandonnique, au beau milieu d'un moment de partage avec l'être aimé, peut faire une remarque susceptible de détruire totalement l'ambiance, voire d'irriter grandement l'autre. Non seulement il gâche un bon moment, mais il peut plonger l'autre, et lui-même par la même occasion ! dans un profond état de frustration. Or, la frustration étant elle aussi une colère - non vécue, nous nous retrouvons dans un cercle vicieux qui ne fait qu'amplifier la colère de départ. Effectivement, le partenaire de l'abandonnique risque fort de renvoyer sa colère à ce dernier, qui voit déjà sa propre colère grandir. Ce genre de réaction peut devenir une seconde peau dans laquelle celui qui souffre se glisse bien malgré lui.

L'abandonnique peut aussi devenir un perfectionniste sur le plan relationnel. Il faudra par exemple que la relation soit parfaite ou devienne parfaite si elle ne l'est pas encore. Cela le mène à une recherche effrénée et, bien entendu, totalement illusoire – la perfection n'existant pas ! – d'une relation pure et sans ombre, à la fois fusionnelle et suffisamment libre, bref, une relation qui intégrerait tout et son contraire. La définition de la perfection variera bien entendu d'un individu à l'autre, car elle est fonction du vécu émotionnel de chacun, mais le trait commun demeurera : une relation fusionnelle, durable et totalement contrôlée. Cette quête peut revêtir plusieurs formes, aller de la multiplication de relations superficielles à l'approfondissement d'une seule relation, mais le moteur reste le même : faire la démonstration au partenaire que soit lui, soit l'abandonnique ne pourra atteindre la perfection souhaitable, que leur relation va à l'échec, ce qui renforce le sentiment d'incompétence dont souffre l'abandonnique depuis son enfance : il lui est impossible d'être suffisamment bien pour être apprécié et aimé. Ce manque d'estime de soi et la profonde autodévalorisation dont il s'accompagne est une création de son mental qui précipite l'être dans la peur et les jugements de valeur. Il est au centre de la vie de l'abandonnique. Il est important de le souligner, car dresser ce constat est ce qui permet d'entrevoir quelle méthode la personne devra adopter afin de guérir.

Chapitre 5

Comment guérir de l'abandonnite ?

Une personne souffrant d'abandonnite, comme nous l'avons vu, n'est que très peu souvent consciente du fait qu'elle est atteinte de cette « maladie ». Soulignons d'abord que l'abandonnique ne présente pas obligatoirement des symptômes et n'est pas malade à proprement parler. Lorsqu'une personne est tendue dans certaines situations ou qu'elle répète des schémas de vie sans pouvoir s'y soustraire, il lui est très difficile, voire impossible, d'en tirer une conclusion juste. Rien, en effet, ne l'oriente dans ce sens. Elle peut être consciente que quelque chose « ne va pas bien » dans sa façon d'aborder la vie, mais les choses vont rarement plus loin. De plus, comme nous l'avons vu également, il est pénible d'admettre que l'on a été abandonné. Même si la personne l'accepte, elle refuse souvent d'accorder de l'importance à ce fait et tente plutôt de minimiser l'impact qu'il a eu et a encore sur elle. Enfin, les signes cliniques que présente la personne souffrant d'abandonnite ne sont pas spécifiques à l'abandon. En effet, une cystite, comme en avait Pascale, n'a pas l'abandon pour unique cause possible. Tout au plus, si l'on se réfère à la médecine énergétique, peut-on savoir que la cystite est souvent liée à la peur, peur qui est elle-même sous-jacente à l'abandon.

En fait, il n'existe pas de signes cliniques ou de symptômes que nous pourrions classer dans la rubrique « Abandon ». Ce n'est qu'en acceptant d'aller voir au-delà des signes observables que la personne va découvrir que l'abandon est son problème de fond. Et c'est seulement à partir de ce moment-là qu'elle va pouvoir l'affronter afin de guérir complètement. Si elle ne le fait pas, il y a de fortes chances pour que sa symptomatologie perdure. C'est ainsi que Pascale, après avoir souffert de cystites aiguës, a souffert de cystites récidivantes pour parvenir ensuite à un stade qualifié par la médecine de « cystite chronique ». Il est bon de souligner que ce verbiage très médical ne change pas grand-chose à la réalité vécue par la personne qui souffre ! Celle-ci continue en effet à être traitée avec des antibiotiques ou d'autres substances qui ne la font pas plus avancer vers la résolution de son problème...

Comme nous avons pu le constater au fil des divers exemples que nous avons décrits, il est nécessaire de découvrir la cause profonde du mal-être ou des symptômes d'une personne pour pouvoir la traiter. Tant que la personne n'a pas identifié l'abandon dont elle souffre, il est illusoire de parler de traitement ou de thérapie adaptée à l'abandonnite.

Le paradoxe de l'abandonnique

Émilie, une femme de 43 ans qui a trois enfants adolescents, vient me consulter après le départ de son mari intervenu comme « un coup de tonnerre dans un ciel bleu ». Émilie est chef d'entreprise, mais elle ne travaille pour ainsi dire plus depuis ce départ tant elle se sent mal : elle a beaucoup maigri, n'a plus d'envie de quoi que ce soit. Elle se plaint d'être très lasse, faible et fatiguée. Elle ne peut dormir qu'avec l'aide de médicaments et elle a des pensées suicidaires. Elle souffre par ailleurs de troubles de la concentration et de la mémoire, elle ne parvient plus à lire et se sent très vulnérable. Enfin, elle ne supporte plus aucun bruit et ne tolère plus la moindre contrariété. Elle vient sur la recommandation de l'une de ses amies, très inquiète de son état de santé qui ne cesse de se détériorer. Émilie me dit qu'elle n'était absolument pas prête à cet événement, car elle estimait que son couple fonctionnait bien et n'avait pas de problème majeur. Elle avait, du reste, tout fait pour cela et elle ne comprend pas pourquoi, soudainement, sans qu'aucun indice l'ait annoncé, son mari a décidé de partir vivre sa vie avec une autre femme. Elle a par ailleurs découvert qu'il l'avait déjà trompée dans le passé. Émilie est très en colère contre son conjoint. Elle ne s'est pas gênée pour le dire et le lui montrer en mettant à la poubelle toute sa garde-robe. Elle pleure ce départ depuis six mois et n'arrive pas à s'en remettre. Elle est également très en colère contre la maîtresse de son conjoint. Elle a bien entendu été consulter son médecin de famille qui lui a expliqué qu'elle était en train de faire une dépression nerveuse et lui a immédiatement prescrit un antidépresseur qu'elle prend depuis trois semaines ; un médicament qui, à part de la « tasser et l'abrutir », n'a pas l'air de donner de grands résultats...

Émilie s'est mariée à 19 ans, elle a vécu heureuse et sans problème de couple avec son époux jusqu'au jour où celui-ci lui a annoncé la terrible nouvelle. Elle ne conçoit pas que l'on puisse tromper l'autre lorsque l'on est en couple et elle-même n'a jamais trompé son mari. Elle a le sentiment d'une profonde injustice, car elle a tout fait pour que sa vie de famille soit la plus parfaite et la plus heureuse possible, ce qui lui a demandé pas mal d'abnégation ; en effet, en plus d'être chef d'entreprise, Émilie a mis au monde trois enfants dont elle et son conjoint se sont beaucoup occupés et continuent de s'occuper. Elle ne comprend pas ce qui se passe, met le départ de son mari sur le compte de la fameuse crise de la cinquantaine (que son mari n'atteindra que dans trois ans !) et se sent trahie, délaissée. À aucun moment elle ne se remet en cause, et je sens qu'elle est réellement et profondément dans l'incompréhension totale de ce qui s'est passé. Comme je constate par ailleurs qu'Émilie a une intelligence supérieure à la moyenne et qu'elle fait carrière dans un milieu où elle côtoie beaucoup de monde, je m'étonne de cette « naïveté », mais je ne désire pas pour l'instant attirer son attention sur ce sujet. Ce qui domine en elle est un profond sentiment d'injustice : elle se sent méprisée dans ce qu'elle a réalisé, mis en place et construit pour sa famille ; elle se sent bafouée et salie. Elle a l'impression qu'elle n'est pas payée en retour pour tout ce qu'elle a entrepris et les sacrifices personnels qu'elle a faits. C'est ce sentiment d'injustice qui la blesse profondément.

Émilie souffre et il est urgent d'entreprendre un traitement afin qu'elle retrouve au plus vite un certain mieux-être. Deux choix s'offrent alors au médecin et à la patiente pour aborder et tenter de résoudre ce dont elle souffre : la voie classique, qui considère la maladie comme une fatalité, et une autre voie, moins conventionnelle et non institutionnelle, à laquelle va ma préférence, qui voit la maladie comme un espoir. Essayons de comprendre ce qui différencie ces deux voies.

La voie médicale classique : la maladie fatalité

L'intervention médicale classique comporte trois volets : le premier consiste à annoncer à la personne que ses symptômes (fatigue, lassitude, troubles du sommeil, irritabilité et vulnérabilité exagérées, manque de concentration et de mémoire, intolérance aux bruits, désintérêt face aux choses de la vie et pensées suicidaires) font partie d'un syndrome, c'est-à-dire un ensemble de symptômes appelé « dépression nerveuse » ; le deuxième consiste à lui prescrire un médicament nommé antidépresseur afin de lutter contre cet ensemble de symptômes ; enfin, le médecin qui recourt à cette approche peut également conseiller à la personne souffrante d'aller consulter un psychiatre ou un psychologue.

La stratégie est simple ; il s'agit de procéder comme suit:

1. Parer au mal-être en donnant un médicament qui va permettre à la patiente de se sentir mieux, sur le plan tant physique que moral, et ce, au prix de quelques effets secondaires qui diffèrent suivant l'antidépresseur prescrit. Ce médicament met environ deux à trois semaines avant de faire son plein effet. De nos jours, la tendance est de le prescrire pendant une durée minimum d'un an, parfois plus. Les recherches ont en effet montré que les rechutes

sont extrêmement nombreuses lorsque l'antidépresseur est pris pendant une période plus courte.

2. Recommander un travail psychologique à plus long terme afin que la patiente découvre pourquoi elle a réagi aussi mal à une situation certes difficile, mais qui n'aurait pas dû avoir de telles conséquences. Ce travail est censé lui permettre d'acquérir une nouvelle attitude face à la vie afin de ne pas rechuter. Cette approche, essentiellement analytique et intellectuelle, va durer des mois, voire des années. Elle doit permettre à la patiente de mieux connaître les mécanismes « erronés », « pathologiques » ou « anormaux » qu'elle avait mis en place et dont on lui dit qu'ils sont à l'origine de son mal-être. Certes, il est à espérer que la patiente aura pu, au fil de ce long travail, se passer petit à petit de son antidépresseur, bien que rien ne soit moins sûr ! Cette approche lutte contre les symptômes et contre la maladie ; elle essaie parallèlement d'aider la personne souffrante à comprendre le pourquoi de sa souffrance. Cela étant fait, le travail est jugé accompli et largement suffisant par les professionnels de la santé.

Le concept de « normalité » est à la racine de cette approche. Cette normalité est définie par une médecine formatée et des professionnels de santé eux-mêmes formés par une société et une science qui, assurées de leur toute-puissance, décident pour l'individu de ce qui est normal et de ce qui ne l'est pas. Ainsi, pleurer lors du décès d'un parent proche est considéré comme normal, mais trop pleurer est anormal et doit au plus vite être jugulé par un antidépresseur sans lequel la personne risque de se retrouver hors d'état de fonctionner dans le quotidien du « métro-boulot-dodo ». C'est pourquoi la consommation d'antidépresseurs a explosé ces dernières années dans quantité de pays européens, notamment en France, le pays qui consomme le plus ce genre de médicaments, ainsi qu'en Amérique du Nord. Cet état de choses, qui réjouit les groupes pharmaceutiques, a de quoi inquiéter les responsables de la santé publique pour autant que ceux-ci soient effectivement responsables et aient quelque influence sur la question. Quant aux psychiatres et aux psychologues, ils sont si surchargés qu'il est très difficile d'obtenir un rendez-vous chez eux. La situation peut s'expliquer de deux autres façons : il est à la mode d'avoir « son psy » et les thérapies sont la plupart du temps longues.

Qui définit les normes ? Sur quelles bases scientifiques s'appuyer pour déterminer ce qui est normal et ce qui ne l'est pas ? À partir de quand une souffrance devient-elle « anormale » ? L'individu doit-il se résoudre à accepter des normes définies de façon totalement arbitraire par un ensemble d'autres individus qui s'autoproclament habilités à le faire ? Ce sujet mériterait un livre à lui seul, et il n'est pas dans mon propos de m'appesantir là-dessus. En revanche, il me semble essentiel d'être conscient du fait que la médecine classique est malheureusement limitée par les normes et que la plupart des professionnels de la santé soit se laissent leurrer par cet état de choses, soit y participent. Toutes ces dérives sont celles d'une médecine qui n'a qu'un seul et unique but : *combattre la maladie*.

Une logique simpliste et réductrice en découle : faire tout ce qu'il faut pour juguler ou minimiser les symptômes et mettre en place de nouveaux modes de fonctionnement afin de prévenir une rechute. En bref, il s'agit de traiter les *symptômes,* non les *causes* de la maladie. J'ai déjà comparé cette approche à celle d'un plombier appelé pour une fuite d'eau et qui se comporterait de la façon suivante : il dirait d'abord à son client, avec une certaine emphase, qu'il confirme l'existence d'une fuite d'eau, il ajouterait ensuite que cette fuite est anormale et qu'il faut par conséquent y remédier. Tel serait son « diagnostic », un acte se comparant à celui du médecin déclarant au patient qu'il souffre d'une dépression. Puis il rédigerait une « ordonnance » pour que le client puisse se procurer des seaux d'eau et des serpillières afin de réduire les dommages causés par la fuite et, par la même occasion, se voir temporairement soulagé. Enfin, il dirait à son client qu'il pense repasser pour voir comment évoluent les choses... J'imagine la tête que le client ferait et surtout ce qui se passerait si une telle scène avait lieu. Il y a fort à parier que le plombier, au mieux, ferait rapidement faillite, au pire, serait accusé d'incompétence professionnelle et se retrouverait devant la justice. Il est étonnant de voir que des femmes et des hommes intelligents et réfléchis tolèrent que la médecine traditionnelle continue à agir comme elle le fait et ne la remettent aucunement en question. Tant mieux pour les mondes médical et pharmaceutique ainsi que pour les compagnies d'assurances, tant pis pour l'individu. Tant mieux pour celles et ceux qui ont préservé leur pouvoir décisionnel, et tant pis pour celles et ceux qui acceptent cette dictature sans sourciller ni se poser de question. En bref, tant mieux pour les bourreaux et tant pis pour les victimes. Mais que les bourreaux s'arrogent le droit de parler d'éthique médicale, cela me paraît un peu fort de café. Depuis quand, en effet, l'éthique médicale permet-elle de ridiculiser et de déresponsabiliser celles et ceux qui souffrent ? Se battre *contre* une maladie ne peut qu'amener à l'échec, non à la guérison, car tant que la cause de la maladie n'est pas connue, celle-ci poursuit son œuvre sous une forme ou une autre et réapparaît ; au même titre que la fuite d'eau persiste si rien n'est entrepris pour remonter à sa cause première.

Un vain combat

Se battre contre la maladie est par conséquent une voie qui n'a pas un grand intérêt. Elle permet en effet à la maladie :

- de *récidiver* puis de devenir chronique. Prenons l'exemple d'une personne souffrant d'une sinusite. Elle est traitée par des antibiotiques qui, dans un premier temps, font généralement disparaître les symptômes ou les atténuent. Mais il est fréquent que la sinusite réapparaisse, que ce soit quelques jours ou quelques semaines plus tard. Les nouveaux antibiotiques seront différents et plus forts. Le diagnostic passera de sinusite aiguë à sinusite récidivante. Enfin, si la pathologie persiste, le praticien conclura à la chronicité en s'appuyant éventuellement sur des radiographies qui montreront un épaississement des muqueuses sinusales. Et le traitement sera renouvelé malgré son peu de succès, sans que ni le patient ni le médecin ne se posent de question quant à la validité de leur approche de la maladie ;

- de *s'organiser* afin de contrer les moyens thérapeutiques : les organismes tels que les virus, les bactéries et les cellules anormales disposent en effet d'un pouvoir d'adaptation extraordinaire qui leur permet d'assurer leur survie. Les virus sont donc capables de changer un seul élément d'une partie de leur capsule afin d'échapper à tout traitement ; c'est ainsi que le virus grippal continue de sévir année après année, car il apparaît à chaque fois avec un petit changement de forme suffisamment important pour ne pas être reconnu par la mémoire des cellules immunitaires qui assurent notre défense naturelle. Les bactéries développent quant à elles des moyens très sophistiqués afin de résister à l'attaque des antibiotiques ; la recherche a donc dû concevoir des médicaments de plus en plus forts pour les détruire. Malheureusement, la force de ces antibiotiques se révèle très toxique pour l'homme, parfois tellement toxique qu'il faut absolument trouver d'autres molécules à leur substituer. La puissance que les bactéries acquièrent au fur et à mesure de ce processus de « sélection naturelle » est telle que, pour certaines, comme les staphylocoques dorés, les moyens actuels sont inefficaces, ce qui explique les ravages dus aux infections dites nosocomiales, c'est-à-dire des infections que l'on attrape dans les établissements hospitaliers. Paradoxalement, il peut être dangereux de séjourner à l'hôpital pour se soigner ;

- de disparaître puis de *revenir sous une autre forme* : les moyens thérapeutiques existants sont en effet tels qu'ils conduisent la maladie à se transformer ; c'est là un phénomène intéressant qui n'est pas pris en compte par la médecine classique, pour des raisons multiples que je n'énumérerai pas ici. Pour comprendre ce phénomène, revenons à l'exemple de la personne souffrant de sinusite chronique pendant son enfance et son adolescence. Il peut arriver qu'à force d'antibiotiques et d'autres substances cette personne se voit délivrée de sa maladie. Elle-même et son médecin crient alors victoire. Très souvent, pourtant, une dizaine ou une vingtaine d'années plus tard, apparaîtront des pathologies relativement graves de nature rhumatismale. L'approche médicale classique attribuera cela au hasard. Au contraire, l'approche médicale qui prend en compte la notion de « terrain » connaît bien l'association entre sinusite et rhumatisme. Cette approche définit le terrain comme l'ensemble des forces et des faiblesses propres à chaque être au moment de sa naissance. Quand une pathologie apparaît, il semble donc plus judicieux de l'exploiter pour raffermir le terrain, plutôt que de tenter de l'éradiquer à tout prix au risque d'affaiblir le terrain ; d'autant que, si le terrain est affaibli, la pathologie risque fort de resurgir quelque temps plus tard sous une autre forme. Sans nous éterniser sur la notion de terrain, ayons à l'esprit que faire disparaître une pathologie à coup de traitements de plus en plus agressifs n'est souvent qu'une façon de repousser à plus tard la recherche d'une solution qui permettra de guérir de façon durable.

Se battre contre la maladie ne sert à rien pour plusieurs raisons :

- C'est une *perte d'énergie* comme le serait une utilisation à long terme de seaux et de serpillières pour lutter contre une fuite d'eau.

- Cela revient à s'en remettre à des *médicaments* dont les effets secondaires sont souvent plus importants que la maladie elle-même. Il est même étonnant de constater à quel point la corrélation est grande entre l'importance des effets secondaires et la gravité de la maladie. À grande maladie, grands effets toxiques des médicaments ! Le traitement consiste en effet souvent en une association de plusieurs médicaments ayant chacun des effets secondaires nombreux et qui se surajoutent les uns aux autres. Parmi ces effets secondaires, soulignons l'arrêt de la production de globules blancs normaux lorsque sont administrées certaines substances, notamment celles qui sont employées dans le domaine de l'oncologie ; or, les globules blancs sont nécessaires pour lutter contre les virus, les bactéries et les autres envahisseurs du corps. On se retrouve alors dans une situation où le patient, guéri des cellules anormales fabriquées par son corps, donc guéri de son cancer, décède d'une maladie banale, telle que la grippe, car il n'a plus aucune défense naturelle.

- Cela perpétue la *déresponsabilisation* du patient face à lui-même. La vision de la médecine classique est simple, pour ne pas dire simpliste : la personne souffrante n'est pas responsable de ce dont elle souffre puisque la maladie est due au hasard ; c'est par hasard que la personne a été attaquée par un virus ou une bactérie, ou par hasard encore qu'elle est victime d'une tumeur due à une cellule anormale au potentiel de multiplication particulièrement élevé, dans le cas d'un cancer, par exemple. Il devient alors logique de tout faire pour lutter contre le responsable qui n'est que très rarement la personne souffrante. Ainsi, et souvent avec l'accord du patient, se bat-on contre le virus, la bactérie ou la cellule anormale. Où se trouve le patient dans toute cette histoire ? À la périphérie, non au centre, puisqu'il n'est responsable de rien et n'est qu'une victime.

La déresponsabilisation a une seconde conséquence : qui est le plus apte à lutter efficacement contre la maladie ? Certainement pas la personne souffrante, compte tenu qu'elle est la plupart du temps relativement ignorante sur les plans scientifique et médical. La bonne réponse s'impose : le médecin et le monde médical. Et c'est ainsi que, pour le bénéfice du patient et de son médecin, la responsabilité directe de la guérison est confiée au médecin, qui devient le seul responsable de la lutte contre la maladie et qui dispose ainsi de tout le pouvoir de décision ; ce n'est d'ailleurs pas pour rien qu'il rédige une « ordonnance » après avoir posé son diagnostic. Ainsi, le patient n'apprend quasiment rien à travers ce qu'il vit lorsqu'il souffre, si ce n'est qu'il n'est pas grand-chose face à la maladie. Il abandonne, ou « donne à bandon », son propre pouvoir et sa responsabilité au médecin tout-puissant. Heureusement que les grands gourous en blouse blanche sont bien présents et disposés à le sauver ! C'est malheureusement la raison principale pour laquelle il y a de fortes probabilités que la maladie récidive et devienne chronique malgré l'utilisation d'une gamme fort développée de médicaments et malgré les recommandations avisées du médecin.

Les professionnels de l'âme

Comprendre la signification de la souffrance est le troisième volet de l'approche médicale classique. Comprendre est l'apanage des psychiatres, des psychologues et des psychanalystes. Ces personnes vont intervenir à la demande de la personne souffrante ou de celle d'un autre professionnel de la santé qui aura préalablement estimé que sa patiente ou son patient en a le besoin, vu l'« anormalité » de sa souffrance. Dans le cas d'Émilie, il est anormal qu'elle soit triste « à ce point-là » ; de même, il est acceptable qu'elle soit en colère, mais pas au point d'en vouloir « autant » à son mari. Très vite, le professionnel de l'âme - rappelons-nous que la « psyché » désigne l'âme en français - va confirmer ou infirmer le diagnostic posé par le généraliste ou une autre personne non spécialisée. Une fois le diagnostic confirmé, le patient, ou la patiente, sera invité à entreprendre un travail sur lui-même.

Le flou total qui règne actuellement dans le champ des psychothérapies risque bien d'ajouter aux angoisses de la pauvre Émilie. Les approches sont en effet fort diverses suivant que l'on se trouve allongé sur le canapé d'un psychiatre ou d'un psychanalyste freudien, lacanien, jungien ou autre, ou en face d'un praticien ; suivant que l'on fasse une psychothérapie d'orientation psychanalytique ou une thérapie cognitivo-comportementale ; suivant que l'on prenne ou non des médicaments parallèlement... Sans compter que les approches diffèrent avec les pays ; par exemple, citons les écoles française, britannique et américaine, elles-mêmes subdivisées en différents courants de pensée qui s'opposent avec plus ou moins de violence. Pour s'en convaincre, il suffit de voir la guerre que se livrent, en France, les tenants de la psychanalyse et les tenants des thérapies cognitivo-comportementales[19].

Il est tout aussi évident que le thérapeute, croyant souvent dur comme fer que son approche est la plus adaptée (autrement il en aurait déjà changé !), va estimer qu'elle est celle que la personne souffrante doit choisir. Enfin, question d'en rajouter un peu, il est tout aussi évident que chaque thérapeute adapte son approche à son vécu personnel et professionnel. J'ai essayé d'être le plus concis possible en décrivant la diversité des thérapies susceptibles d'être proposées à la personne souffrante qui, la plupart du temps, n'est pas capable de faire un choix objectif. Elle va donc se lancer dans une thérapie donnée, sans réellement savoir en quoi celle-ci consiste. Comme nous le voyons, la diversité est garantie, mais l'incohérence la plus totale l'est aussi...

Après ce non-choix qui lui a été imposé, la personne souffrante n'a plus qu'à participer à la découverte du pourquoi et à la recherche de la compréhension de son mal-être. Cela peut prendre la forme d'une thérapie brève ou longue.

Émilie va probablement prendre conscience qu'elle souffre du fait qu'elle se sent rejetée et abandonnée par son mari, ce qui la ramènera certainement, tôt ou tard, à l'abandon dont elle a été victime pendant son enfance. Parallèlement, le thérapeute lui conseille d'accepter ces événements, qu'elle ne peut changer, et de « pardonner » à celles et ceux qui en sont responsables. Voilà résumée, en quelques phrases, la longue thérapie qui est censée remettre Émilie sur les rails de la normalité. Au fil des mois ou au fil des ans, celle-ci est devenue une bible ambulante quant au pourquoi et au comment de son problème d'abandon et de dévalorisation. Elle n'a cependant aucune idée de ce qu'elle peut faire pour guérir. Par contre, elle a appris à se détacher de ses problèmes, à les minimiser afin de mieux y faire face, et même à prévenir les effets dévastateurs de ses crises en prenant de la distance grâce à quelques substances pharmacologiques « légères » et en recourant à l'évitement et à la fuite. Elle peut ajouter à tout cela une pratique assidue des techniques de maîtrise du mental. Elle se sent en effet nettement mieux quand elle est loin du problème. Elle sait comment y faire face de façon plus efficace étant donné qu'elle connaît tous les tenants et les aboutissants de son casse-tête. Émilie va mieux parce qu'elle est dans la connaissance et la conscience. Le thérapeute de l'âme aura été à la source de tout ce travail de découverte et pourra être remercié, voire glorifié, par la personne toujours souffrante, mais qui sait pourquoi elle souffre grâce au remarquable travail accompli ! Je ne peux m'empêcher, en guise de conclusion, de citer ce que le célèbre psychologue de formation jungienne James Hillman dit en parlant de la psychologie :

« Le péché "mortel" de la psychologie, c'est de tuer la vie. C'est de distiller un ennui mortel dans ses manuels et ses discours, d'étaler son ronronnement satisfait, sa prétention, ses nouvelles lubies d'une banalité consternante, ses exhortations lénifiantes, son décorum, son snobisme, ses congrès d'experts, la quiétude de ses cabinets de consultation, toutes ces eaux stagnantes où l'âme va s'abreuver dans un dernier espoir de sauver une culture de pain de mie informe et sans saveur[20]. »

En résumé, voici la marche à suivre que propose la voie médicale classique afin de guérir un patient abandonnique :

1. se détacher de son problème ;
2. minimiser ce problème ;
3. prendre des anxiolytiques ;
4. recourir à l'évitement et à la fuite ;
5. utiliser des techniques de maîtrise du mental.

La voie médicale non institutionnelle : la maladie espoir

Toute personne ayant lu ce qui précède aura compris qu'il existe une autre façon d'approcher la souffrance et la maladie. Comme je l'ai déjà écrit, c'est à celle-là que va ma préférence.

L'urgence consiste non pas à expliquer ce qui s'est passé, mais à recentrer le patient sur le moment présent, qui est le temps dans lequel il vit et le seul pouvant lui permettre de reprendre contact avec lui-même. L'urgence consiste non pas à discuter de ce qui est survenu ni à comprendre ce qui s'est passé, mais à reconnaitre les émotions qui ont été ressenties et vécues lors de l'abandon. Tels sont les deux volets de l'attitude à adopter si l'on veut permettre à la personne souffrante de guérir de ce dont elle souffre, qui n'est pas une maladie fatalité, mais bien une maladie espoir.

Le symptôme ami

Dans cette approche, les symptômes présentés par Émilie ne sont plus des ennemis, mais plutôt des signes que son corps lui adresse afin de lui faire comprendre quelque chose. Ils ne sont plus des choses à combattre, mais des indicateurs importants qui, s'ils sont interprétés pour ce qu'ils sont, permettront à Émilie de guérir pour peu qu'elle fasse ce qu'il faut. Dans cette approche, le corps n'est pas un ennemi, mais bien au contraire un ami qui présente un message à celui ou celle qui souffre afin de lui permettre de se prendre en charge et d'aller vers le mieux-être.

Revenons à Émilie et à ses symptômes : qu'est-ce que son corps essaye de lui dire à travers tous ses signes ? La fatigue, les troubles du sommeil, l'irritabilité excessive, tous sont faits pour attirer son attention sur la tension qui existe en elle. Ces manifestations sont très physiques et très parlantes, et il n'y a pas besoin d'avoir entrepris des études très poussées pour le comprendre. Une tension ne peut exister qu'à partir du moment où deux parties ou deux ensembles, au minimum, s'opposent. Quelles sont ces deux parties chez Émilie ?

Souvenons-nous d'une chose essentielle : l'être humain vit dans le moment présent et c'est seulement quand il vit dans ce moment présent qu'il est en contact avec ce qui est à la base de la vie, soit :

- les émotions : la joie, la tristesse, la colère sous toutes leurs formes ;
- les envies et les non-envies ;
- toute la partie utile de son cerveau, notamment la mémoire et la capacité de réflexion ;
- l'intuition, la créativité, l'enthousiasme, la spontanéité et bien d'autres qualités encore ;
- l'Amour.

Quel signe le corps de l'être humain lui donne-t-il afin de lui dire qu'il vit bien au présent ? Une *détente* que la personne ressent physiquement. Quel signe le corps de l'être humain lui donne-t-il afin de lui dire qu'il ne vit pas au présent ? Une tension qui, lorsque la personne dispose d'un minimum de conscience d'elle-même, est parfaitement perceptible physiquement. Cette tension se manifeste sous diverses formes que la personne, si elle se situe par rapport au futur, appelle « appréhension », « peur », « angoisse », « panique », « phobie », selon son intensité ; si la personne se situe par rapport au passé, elle l'appellera plutôt « regrets », « remords », « culpabilité », toujours selon son intensité. Quel signe le corps de l'être humain lui donne-t-il quand ce dernier ne perçoit plus, ne ressent plus, ne vit plus les émotions de joie, de tristesse ou de colère ? De nouveau, une tension, très perceptible sur le plan physique, qui prend la forme d'un nœud, de crispations, d'une boule et d'une multitude d'autres manifestations physiquement palpables. Dès que la personne souffrante se donne à nouveau la permission de percevoir, de ressentir et de vivre ses émotions, une détente quasi immédiate survient et elle le perçoit aussitôt physiquement.

Nous pouvons multiplier les exemples, nous verrons que, chaque fois que l'être humain bloque ce qui fait de lui un être humain, son corps le lui dit immédiatement par une tension plus ou moins intense. Ainsi, notre corps peut être considéré comme notre meilleur ami, celui qui nous avertit du danger qu'il y a à ne plus être dans le moment présent et en contact avec nous-mêmes. Le corps, à travers les tensions qui l'animent, nous dit que notre mental est en train de prendre le contrôle de notre personne. Comme nous l'avons déjà mentionné, le mental, ou l'ego, est responsable de :

- nous couper du moment présent et nous précipiter dans le futur avec son cortège de peurs, d'angoisses et de perte de confiance en soi, ainsi que dans le passé avec son lot de culpabilité et de regrets ;
- nous couper de nos émotions à un point tel que nous ne sommes parfois même plus conscients que nous en avons ;
- nous faire nous comparer aux autres avec ce que cela implique : des jugements, l'impression d'être inférieur ou supérieur, d'être normal ou anormal ;

- nous inciter à faire « ce que l'on doit » et « ce qu'il faut faire », au mépris de ce que nous désirons ;
- nous amener à toujours faire passer les autres avant nous au risque de ne pas nous respecter ;
- nous empêcher d'avoir des envies et même des non-envies ;
- nous empêcher de ressentir nos désirs et nos non-désirs ;
- nous plonger dans des pensées vides et des illusions ;
- nous empêcher d'être en contact avec ce qui fait de nous des êtres à part entière, doués d'intuition, de créativité, et de multiples autres qualités.

En bref, notre mental nous empêche de nous aimer, il représente le véritable non-amour. Notre chance est que, dès qu'il intervient sous une forme ou sous une autre, notre corps nous le dit, en vrai ami qu'il est. Malheureusement, nous ne l'écoutons pas, ou si peu, nous ne tenons pas compte de ses avertissements. Que se passe-t-il alors ? La tension perdure tant que le mental tient le haut du pavé et reste la vedette. Dans un premier temps, une série de symptômes apparaît que nous pouvons regrouper sous les mots *fatigue-stress*. Les signes en sont les suivants :

- de la fatigue en se levant le matin, que la personne peut traîner une partie de la journée ou toute la journée ;
- des coups de fatigue subits apparaissant à heure fixe ;
- des troubles du sommeil pouvant se manifester par de la difficulté à s'endormir ou des réveils uniques ou multiples au cours de la nuit accompagnés ou non d'un sentiment de tension ou d'angoisse ;
- une impossibilité de se souvenir de ses rêves ou l'apparition de cauchemars récidivants ;
- une augmentation de l'irritabilité et de la vulnérabilité ainsi qu'une éventuelle sensation de lassitude pouvant aller jusqu'à des pensées suicidaires ;
- une diminution importante de la concentration et de la mémoire ;
- une diminution ou une perte de la libido.

Tous ces signes, qui peuvent être nombreux ou présents de façon plus parcimonieuse, sont des alertes sérieuses que notre corps nous adresse afin de nous avertir que nous ne nous respectons pas, soit parce que nous ne nous permettons pas d'être dans le moment présent, soit parce que nous ne sommes pas en contact avec nous-mêmes. Notre corps essaye d'attirer notre attention en nous disant que nous sommes dirigés par notre mental et plus du tout en harmonie avec nous-mêmes.

Si notre mental continue de mener la danse et que nous persistons à ne pas écouter notre meilleur ami, notre corps, celui-ci va faire en sorte d'attirer notre attention en nous confrontant à des événements plus graves : une maladie ou un traumatisme.

La science a prouvé qu'à partir du moment où une tension existe et perdure, nos défenses immunitaires deviennent incapables de remplir leur rôle contre les agressions. Ces défenses immunitaires sont excessivement complexes et merveilleusement efficaces pour nous protéger contre les attaques des virus et des bactéries qui se trouvent dans notre environnement. Une culture bactérienne de notre peau montrerait, par exemple, que s'y trouvent des milliers de bactéries appartenant à des familles différentes parfaitement en équilibre et inoffensives tant que nos défenses naturelles fonctionnent. Sous l'effet d'un stress, autre mot désignant la tension, nos défenses peuvent devenir inefficaces ; un déséquilibre dans la proportion des différentes familles de bactéries peut alors survenir. C'est ainsi qu'une prédominance de bactéries spécifiques, tels les streptocoques, peut entraîner des infections se manifestant par des boutons sur la totalité ou sur une partie du corps. Le phénomène est identique pour les cellules anormales que notre corps fabrique quotidiennement : ces cellules sont prises en charge par notre système immunitaire qui les élimine très vite avec une grande efficacité. Lorsque des tensions durables existent, les cellules qui ont la charge de ce nettoyage quotidien deviennent inefficaces ; c'est ainsi que des tumeurs bénignes ou malignes peuvent apparaître. De même, notre corps est parfaitement équipé pour nous protéger contre des déchirures de muscles ou de tendons ; il dispose également de tout un système réflexe et de vigilance ainsi que d'une grande capacité de concentration capables de nous préserver de toutes sortes d'accidents et de traumatismes.

À partir du moment où ces systèmes de défense sont paralysés ou inefficaces, un virus donné peut s'exprimer librement sans être inquiété. Prenons l'exemple du virus de l'herpès, et choisissons celui qui s'exprime sous la forme de l'herpès labial, communément appelé « bouton de fièvre » ou « feu sauvage », qui touche les lèvres. Une fois transmis à la personne, le virus va être pris en charge par le système de défense qui l'empêche de s'exprimer sous sa forme usuelle : des vésicules herpétiques provoquant des démangeaisons très douloureuses au niveau des lèvres. Il suffit d'un choc psychologique, d'une trop longue exposition au soleil ou d'un surcroît de fatigue pour que le bouton de fièvre fasse son apparition. Ces chocs de différentes natures diminuent la résistance de la personne ; du même coup, le virus peut s'exprimer et le bouton de fièvre apparaît. C'est la façon qu'a le corps de dire à la personne souffrant d'herpès labial qu'elle ne prend pas correctement soin d'elle-même. Nous avons pris l'exemple du virus, mais il est bien évident que cela est valable pour tous les agresseurs potentiels du corps.

Ainsi, notre corps nous parle à tout moment et nous donne des renseignements sur nous-mêmes à travers deux signes très simples : la détente et la tension. S'il recourt à des signes plus précis, c'est que nous avons oublié ou refusé d'entendre le premier avertissement. Et rappelons-nous bien que cet oubli, ou ce refus, relève de notre mental. Le corps d'Émilie parle avec force, il essaye de lui envoyer des messages, mais elle ne désire pas les entendre, d'autant plus qu'on ne lui a pas appris à les écouter. Que lui dit-il ? La réponse, au vu de ce qui a été exposé, semble à présent évidente : son mental dirige ; soit il la tire hors du moment présent pour la plonger dans le passé ou le futur, soit il la coupe de ses émotions, soit il fait les deux.

Être son propre guérisseur

La voie médicale non institutionnelle va par conséquent s'attacher à aider la personne souffrante à mettre en œuvre deux actes distincts mais complémentaires, qui sont, par ordre :

1) éteindre, c'est-à-dire faire taire son mental pour se situer ici et maintenant ;
2) reconnaître, ressentir et exprimer ses émotions.

Nous aborderons ces deux volets de façon détaillée un peu plus loin, mais soulignons déjà certains avantages de cette voie.

- Elle responsabilise la personne face à la maladie dont elle souffre. Ce point me semble être la particularité essentielle de cette approche. Responsabiliser la personne revient à lui dire que sa maladie n'est pas venue « comme ça », mais pour lui transmettre un message, à savoir qu'elle ne s'écoute plus et ne se respecte plus depuis un temps plus ou moins long. Le reproche suivant m'a souvent été adressé : « C'est très culpabilisant de dire cela à une personne malade. Non seulement cette personne souffre, mais en plus vous le lui reprochez et vous lui collez sur le dos la responsabilité de sa souffrance. Ne serait-il pas mieux de faire preuve d'un peu de compassion à son égard ? » Il est vrai qu'il n'est pas facile de dire cela, de même qu'il est difficile de l'entendre. Dans les deux cas, il faut du courage, mais énoncer et entendre la vérité est souvent un acte difficile. La personne, à cause de son mental, va me reprocher de faire de la « culpabilisation », terme qui s'apparente à un jugement de valeur ; il n'y a aucun jugement dans le fait de dire à quelqu'un qu'il est responsable de sa maladie ; bien au contraire, cela revient à dire à cette personne qu'elle n'est pas un simple jouet, une victime de choses qui la dépassent, mais qu'elle existe et dispose d'un certain contrôle vis-à-vis de sa souffrance. Quant à la compassion, que l'on me permette simplement de sourire. Il y a en effet beaucoup plus de compassion à dire à un être humain qu'il est responsable de ce qui lui arrive dans sa vie, que de le confirmer dans l'idée, avec ou sans condescendance, qu'il est irresponsable et que c'est pour cette raison qu'il appartient à l'homme en blanc, vertueux, de le soigner ! Enfin, et c'est certainement le point le plus important, parler de cette façon à la personne souffrante revient aussi à lui dire qu'elle est responsable de sa guérison.

Ce corollaire est capital et doit être souligné au moins autant que la première partie du discours. Dire à un être humain qu'il est responsable de son mal-être comme de son bien-être est à mes yeux la plus grande preuve de respect que l'on puisse lui témoigner. Cela revient à lui dire: « Tu existes. Tu as la possibilité, le pouvoir et le droit de souffrir, de tomber malade ou de te faire du mal, de même que tu as la possibilité, le pouvoir et le droit de ne pas souffrir, de guérir, de bien te porter et de te faire du bien. » C'est aussi lui dire qu'il est tout-puissant vis-à-vis de lui-même et que personne d'autre que lui ne peut guérir à sa place ou le guérir. C'est aider la personne à retrouver sa capacité à vivre pleinement le moment présent et à retrouver son autonomie, la maladie correspondant à une perte d'autonomie, à une démission face à la vie et à une soumission au mental. Quant à celui qui est censé aider, il doit faire preuve d'une grande humilité et témoigner à la personne souffrante une profonde confiance en ses capacités à progresser vers le mieux-être et la guérison.

- Elle ne donne aucune *prise aux médicaments,* quels qu'ils soient. Ceux-ci peuvent être employés de façon très spécifique, pendant une courte période, afin de soulager certains maux, mais en aucun cas ils ne sont une finalité en eux-mêmes. Les antidépresseurs et les autres médicaments de ce type seront dans la mesure du possible évités, car ils masquent ou diminuent la perception et le rapport aux émotions qui doivent être ressenties et exprimées pour qu'un mieux-être apparaisse. La voie non institutionnelle favorise le vécu des émotions bloquées par le mental. Toute médication ou approche thérapeutique allant dans le sens contraire ne peuvent être considérées comme valables à moyen et long terme.

- Elle permet à la personne souffrante de se battre pour elle-même et non contre la maladie ou contre des symptômes. J'ai l'habitude de dire que les cimetières sont remplis de personnes qui se sont battues contre. C'est une vérité absolue. Lutter contre n'est pas positif et ne devrait pas constituer une fin en soi ; lutter pour soi-même est la seule chose qui soit réellement importante. Vivre bien et heureux ne constitue-t-il pas, finalement, le but essentiel ? L'intention qui sous-tend ce que l'on entreprend est très importante : dans le cas d'une « lutte contre », notre intention est de vaincre dans un combat qui nous oppose à un virus, une bactérie ou des cellules anormales. Afin de parvenir à notre but, nous employons divers moyens qui visent la destruction de « l'ennemi » avec tous les effets secondaires connus, sans nous poser aucune question sur nous-mêmes et notre maladie. C'est ainsi que l'on en arrive à de véritables contradictions : la médecine utilise certains médicaments très puissants, bien qu'elle sache qu'ils font encourir des risques vitaux au patient. Au contraire, si l'intention de fond est de lutter pour soi ou pour le patient, l'approche privilégiera la personne, non le traitement, et ce, afin d'aider celui ou celle qui souffre à retrouver sa dignité et son autonomie en tant qu'être humain à part entière. Quoi de plus beau que cette démarche ?

La méthode OGE

Mais comment faire de façon pratique ? En suivant une méthode qui a déjà été décrite dans mes livres[21] et qui a surtout démontré son efficacité au fil de ses dix ans d'existence dans des stages. Cette méthode s'appelle la méthode OGE. Son nom, comme le lecteur l'aura sans doute compris, est le reflet inversé du mot EGO. Il s'agit donc de parler du mental à l'envers. Cette approche est un outil – non une finalité ! – extrêmement utile et performant qui peut permettre, suivant le cas, de préserver sa santé ou d'évoluer vers la guérison. Elle comporte trois piliers essentiels :

1. éteindre son mental ;
2. reconnaître, ressentir et exprimer ses émotions ;
3. retrouver son savoir inné.

Les deux premiers piliers sont ceux que va devoir utiliser Émilie si elle veut mieux se porter. Abordons-les dans l'ordre pour comprendre comment l'approche OGE fonctionne.

Éteindre son mental ne signifie pas le maîtriser

La technique est simple et la mettre en pratique n'est pas sorcier. Il n'est pas besoin d'avoir fait de longues études. Le but est de se retrouver au moment présent, dans l'ici et maintenant, et par conséquent de quitter le passé et le futur. Le moyen utilisé consiste à faire porter son attention sur son corps physique et sensoriel. D'autres verbes et expressions peuvent être utilisés : « Se retrouver », « Entrer en contact avec soi », « Se recentrer » sont synonymes. Le *corps physique* se définit comme l'ensemble de toutes les parties du corps depuis les orteils jusqu'à la tête. Le *corps sensoriel* comprend les cinq sens qui sont à notre disposition : le toucher, l'ouïe, l'odorat, la vue et le goût. Toute approche qui aide la personne à reprendre contact avec son corps physique et son corps sensoriel est parfaitement valable[22].

Faire taire son mental est un moyen fantastique dont nous disposons pour nous débarrasser de nos peurs, de notre manque de confiance en nous-mêmes, de nos angoisses et de nos paniques. Cela nous permet aussi de nous défaire de nos remords et de notre culpabilité. Toutes les tensions physiques et psychologiques générées par le mental et qui nous sortent du moment présent pour nous projeter dans le futur et le passé peuvent ainsi être éliminées. Bien entendu, le mental va continuer de se manifester, mais plus l'exercice est pratiqué, plus vite nous nous rendons compte qu'il est de nouveau à l'œuvre, et plus vite nous pouvons mettre un terme à son activité. Cela nous permet progressivement d'empêcher le mental de nous diriger, et de revenir à notre essence. Cette approche n'est pas une lutte contre notre mental. Il ne s'agit pas de considérer celui-ci comme un ennemi, mais simplement de nous accorder le droit d'exister pleinement, débarrassés du brouhaha qui règne la plupart du temps dans notre tête, ainsi que de l'ignorance et des illusions dans lesquelles notre mental nous maintient. Il n'y a pas de combat contre lui, mais simplement une mise en application de techniques simples permettant de retrouver la détente physique et psychologique, le calme et une certaine sérénité. Car tel est l'immense cadeau que cette technique apporte à celles et à ceux qui la mettent en pratique. Imposer silence à son mental peut se faire dans tout lieu et en toute circonstance, compte tenu qu'il n'y a pas besoin de matériel spécifique, mais seulement d'une volonté de se faire du bien qui prend sa racine dans le cerveau, non dans le mental.

Un autre grand avantage qu'il y a à faire taire notre mental est que cela nous permet de reprendre contact avec nous-mêmes, c'est-à-dire avec nos émotions, notre savoir inné et notre noyau fondamental. Ce n'est en effet qu'à cette condition que nous pouvons pleinement entrer en contact avec nous-mêmes. Sans cela, nous ne pouvons parvenir au niveau de nos émotions et de notre être profond. Sans cela, nous restons peu ou prou prisonniers de notre mental, c'est-à-dire de notre ego.

Pourquoi se remettre au moment présent pour retrouver une émotion de colère ou de tristesse liée à un événement passé ? Cela peut en effet paraître inutile. En réalité, si l'événement appartient à notre passé récent ou lointain, l'émotion, qui n'a pas été vécue en son temps, elle, est toujours bien vivante en nous, intacte et entière. Et elle l'est au présent puisque le seul moment dans lequel nous vivons est l'ici et maintenant. Il nous faut donc nous situer nous-mêmes au présent pour la retrouver, la ressentir et l'exprimer, ce qui implique de faire taire notre mental.

Faire taire son mental se différencie de toutes les techniques dont le but est de maîtriser ou de gérer le mental. Celles-ci ont un objectif précis : faire que la personne contrôle son mental afin de ne pas être contrôlée par lui. Les approches utilisant des techniques de maîtrise du mental restent ainsi dépendantes du mental, qui est domestiqué par ces techniques, mais reste toujours actif. La conséquence est importante : le mental étant toujours actif, il devient très difficile, voire impossible, d'entrer en contact avec les émotions et le savoir inné. En effet, lorsque notre mental est actif, qu'il soit maîtrisé ou en pleine effervescence, nous ne pouvons pas approcher ces deux plans. C'est le grand reproche que je fais à l'ensemble de ces méthodes qui sont pourtant largement enseignées, et qui séduisent beaucoup. Trop mettre en pratique ce type de techniques peut même amener la personne à s'illusionner totalement sur elle-même. Une grande maîtrise de notre mental peut en effet nous conduire à la conclusion que nous n'avons pas d'émotions, et surtout pas d'émotion « négative » telle que la colère. Nous pouvons tout autant nous illusionner en programmant et en contrôlant notre existence au moyen de ces mêmes techniques qui font de nous des demi-dieux auxquels leur ego démesuré fait croire, et le montre aux autres !, qu'ils maîtrisent leur vie. Mais cette vie est alors souvent vide d'émotions, de créativité et ressemble beaucoup à la vie d'un robot, ce qui, me semble-t-il, n'est pas vraiment souhaitable. J'ai ainsi malheureusement rencontré, au cours de ma pratique, un certain nombre de personnes qui avaient consacré de nombreuses années de leur vie à la pratique intensive de ces approches et qui souffraient de maux physiques sévères souvent apparus de façon subite. En effet, si la maîtrise peut retarder, voire freiner l'apparition de certains troubles, elle ne peut éliminer les causes profondes de la maladie ou du mal-être. Pour reprendre l'image du plombier, ce n'est pas parce que la personne utilise des seaux et des serpillières de manière adéquate que la fuite d'eau s'arrêtera. Prétendre le contraire est simplement induire en erreur les gens et les laisser accumuler en eux tous les ingrédients susceptibles de déclencher tôt ou tard une catastrophe.

En parvenant à éteindre son mental, l'abandonnique commence à échapper à la peur et à la culpabilité, qui sont, comme nous l'avons vu, ses plus fidèles compagnes. Toutes les « pensées dans le vide », générées par le mental, disparaissent dès qu'il se situe au présent. La peur d'être « abandonné demain parce que je l'ai été hier » ou la culpabilité à l'idée de « ne pas avoir été à la hauteur » cèdent la place au constat de la réalité : « Je suis maintenant avec l'autre qui est à mes côtés. » Le manque de confiance en soi disparaît dès que l'abandonnique accepte de se mettre en contact avec son corps physique et sensoriel. Bien entendu, cela ne dure que le temps pendant lequel le mental cesse d'intervenir. Mais ne serait-ce qu'apercevoir cette autre réalité, même de façon furtive dans un premier temps, c'est déjà une lumière dans l'obscurité. Il faudra ensuite de la persévérance et de la constance à l'abandonnique pour parvenir à faire que ces courts moments deviennent de plus en plus longs et durables. C'est ainsi qu'il se rendra progressivement compte que ses peurs, son sentiment de culpabilité, son manque de confiance en lui et tous les jugements dévalorisants qu'il porte sur sa personne ne sont que des inventions de son mental. L'abandonnique prendra conscience du fait que, si son mental lui a sauvé la vie dans son enfance ou sa jeunesse, il est désormais devenu inutile, voire dommageable, car il l'empêche de vivre sa vie et de profiter pleinement de celle-ci. Tout au plus pourra-t-il le remercier pour l'aide vitale qu'il lui a apportée dans le passé, mais il devra désormais avancer dans la vie sans lui. L'abandonnique va devenir conscient de la différence essentielle existant entre la solitude et l'isolement : l'isolement est l'absence de l'autre vécue comme un manque et ressentie comme une souffrance ; la solitude est un état de présence à soi-même et de bien-être qui ne peut être ressenti qu'au présent.

Progressivement, l'abandonnique prend conscience des qualités qui font de lui un être unique et ayant de la valeur. Je suis frappé de la difficulté qu'ont les personnes, plus particulièrement des abandonniques, à décrire leurs forces et leurs qualités. Lorsqu'on leur demande leurs défauts, la liste est longue et immédiate, et la personne n'a aucune hésitation ; lorsqu'il s'agit d'énumérer des qualités, un grand silence règne d'abord, souvent suivi par des questions du type : « Ne faudrait-il pas plutôt poser cette question à ceux qui me connaissent bien et qui m'entourent ? » Les réponses données ensuite concernent généralement des succès professionnels ou des performances sportives. Bref, tous ces évitements, volontaires ou non, cachent la grande difficulté que l'abandonnique a à se reconnaître des points forts et des qualités.

En étant davantage dans le moment présent, l'abandonnique parvient à être beaucoup plus en contact avec lui-même. L'activité de son mental étant stoppée, il peut prendre conscience de la personne qu'il est, et se rend compte qu'il est très souvent dans le *faire* plutôt que dans l'*être*. Cette prise de conscience est importante, car c'est grâce à elle que l'abandonnique va redécouvrir ce qui fait de lui un être beau et unique. Il va pouvoir, par la même occasion, reprendre contact avec sa créativité, son intuition, son savoir inné, et découvrir qu'il a au fond de lui des richesses oubliées et inexploitées qui ne demandent qu'à être utilisées. Bien entendu, son mental se manifeste régulièrement et joue son rôle de sape qui fait dire à l'abandonnique « Tout cela est bien beau mais... » Il faut alors de nouveau éteindre son mental, parvenir à ne plus dire « mais », qui est un synonyme de frein, d'inaction et de non-amour. Ce n'est qu'en persévérant dans cette voie que l'abandonnique pourra retrouver une estime de lui-même, acquérir une plus grande confiance en lui et s'autoriser à être davantage à l'écoute des besoins réels et profonds qu'il a si longtemps niés et ignorés. C'est en s'accordant ces petites « touches d'amour » que l'abandonnique va prendre conscience qu'il existe par lui-même, qu'il a une valeur certaine et qu'il n'a pas besoin de l'assentiment des autres pour s'autoriser à vivre.

Mais vivre au présent en faisant taire son mental met l'abandonnique face à ses émotions. Il lui faut alors impérativement passer à la seconde étape afin de poursuivre son chemin vers la guérison : reconnaître, ressentir et exprimer ses émotions.

Reconnaître, ressentir et exprimer ses émotions

Comme nous venons de le voir, la première étape est essentielle. À moins d'éteindre son mental, il est illusoire et impossible d'accéder aux émotions. Une émotion ne peut en effet être reconnue, ressentie et exprimée tant que le mental est en activité puisque le rôle de ce dernier est de nous couper de ce que nous ressentons. Souvenons-nous aussi de ce que l'abandonnique a énormément de difficulté à s'accorder le droit de ressentir les émotions de colère liées à son abandon. Il est par conséquent capital qu'il puisse se retrouver dans son corps physique et sensoriel afin de s'autoriser à évoluer sur le plan émotionnel.

Reconnaître les émotions générées par l'abandon peut être difficile pour de multiples raisons. Ces raisons, nous allons le voir, sont toutes liées au mental. La personne souffrant d'abandonnite a vécu un événement initial lors duquel elle s'est sentie abandonnée. Sa réalité est par conséquent d'avoir été délaissée, par une ou plusieurs personnes, à un âge où l'enfant qu'elle était se trouvait dans l'impossibilité de survivre par lui-même et dans une dépendance absolue vis-à-vis des personnes qui le rejetaient. Qui plus est, l'abandon est, d'une part, un acte qui dure un certain temps, de quelques heures à quelques années, et, d'autre part, un acte perpétré par des êtres proches de celui qui subit cette violence. Le choix de la victime est alors simple : soit mourir et nous avons vu qu'une partie des victimes font ce choix, soit vivre, mais en se protégeant de l'agression vécue.

Cette agression est telle que le fœtus, ou l'enfant, doit, pour survivre, bâtir une protection à toute épreuve. Cette protection, c'est son mental. En effet, c'est son mental qui va permettre à l'enfant abandonné de se couper de ce qu'il ressent envers son ou ses agresseurs, c'est-à-dire de sa colère principalement, mais aussi de sa tristesse. C'est ce même mental qui permet à l'agressé de se protéger en quittant le moment présent, car il lui donne l'occasion de s'inventer une vie factice, pleine de belles choses, via les rêves et les illusions ; l'occasion aussi de nier ce dont il est victime et de mettre en place toute une stratégie de renonciation à ses droits les plus importants, notamment celui d'être respecté et aimé. Le mental est l'outil parfait pour parvenir à ces buts, et il va opérer ainsi pendant des années. Il est par conséquent bien implanté dans la vie de la personne souffrant d'abandonnite ainsi que dans les actes, les faits et les gestes de cette dernière. Il est à la source de nombreux actes qui sont devenus des sortes de « réflexes conditionnés ». C'est ainsi que l'abandonnique abandonne l'autre avant de l'être lui-même, ou ne s'investit pas dans une relation par peur de souffrir, comme nous l'avons vu dans les chapitres précédents. La personne souffrant d'abandonnite est très bien équipée pour ne pas reconnaître qu'elle a des émotions et ne pas s'accorder le droit d'avoir ces émotions. Cette reconnaissance va pourtant devoir se faire, en trois étapes :

- reconnaître l'abandon ;
- reconnaître les émotions liées à l'abandon ;
- s'accorder le droit d'avoir des émotions, de les ressentir et de les exprimer.

Si la personne souffrante ne passe pas par ces trois étapes, elle persistera à nier le fait qu'elle a été l'objet d'un acte d'une violence extrême et continuera à subir toutes les conséquences liées à cette non-reconnaissance. De plus, il lui sera impossible de ressentir ses émotions, passage obligatoire avant de pouvoir les exprimer. Cela dit, souvenons-nous de cette règle d'or: il est absolument contre-productif d'essayer de prouver à une personne souffrant d'abandonnite qu'elle a été abandonnée. Seule elle-même est capable de parvenir à cette conclusion, et il n'appartient à personne, pas plus aux thérapeutes qu'aux autres, de le faire à sa place.

Reconnaître l'abandon

Nous avons déjà vu que l'abandonnique est passé maître dans les manœuvres d'évitement lorsqu'on aborde avec lui la cause de ses souffrances. De plus, il est très souvent parvenu à « oublier » l'événement initial. Certes, celui-ci reste parfaitement imprimé dans son subconscient, mais il n'est plus présent à sa conscience. C'est souvent à partir d'un dialogue ou d'une lecture que la personne souffrante accepte de commencer à se poser la question de savoir si elle a pu être victime d'une « chose pareille ». Les mots ont leur importance et le mot « abandon » est le plus souvent inacceptable pour une personne souffrant d'abandonnite. Il est en effet trop fort et trop « chargé » pour pouvoir d'emblée être adopté par celle-ci. Le plus souvent, un événement vécu remonte à la surface: « C'est à la suite de la séparation d'avec ma femme que j'ai commencé à me sentir mal », me disait Jacques. Mais cet événement, pour celui qui le subit, n'est pas lié à un abandon. Il est la suite logique de ce qui a été vécu, et non vécu, par un abandonnique qui s'ignore. Jacques m'a expliqué qu'il comprenait le départ de sa femme: il travaillait trop, il était donc « normal que, se sentant délaissée, elle soit allée chercher ailleurs ce qu'il ne lui apportait pas ». Certes, Jacques ne trouve pas ce départ facile à vivre, mais il ne se sent nullement abandonné ou en colère. Il est « triste, immensément triste de ce qui est arrivé » et s'en sent coupable. À aucun moment il n'entrevoit ce qui se cache derrière sa tristesse. Il ne réagit pas non plus au mot « abandon » que j'ai glissé sans insister aucunement, il le rejette même, ainsi que l'idée qu'il puisse être en colère. Je sais par expérience, comme je l'ai déjà indiqué, qu'il est absolument contre-productif d'insister sur la notion d'abandon. Jacques n'est pas bien et présente des troubles du sommeil, de la fatigue et du stress. Il est triste et se permet de pleurer, mais quelle est la cause de sa souffrance ? « Le fait que j'ai de la peine à accepter ce qui se passe et à me retrouver seul du jour au lendemain.

– Ce qui se passe, le départ de votre femme, et le fait de vous retrouver seul, sont par conséquent les causes de votre mal-être ? Comment appelez-vous cela ?
– Je ne sais pas et je m'en fous, pourvu que cette souffrance cesse ! »

Jacques est entièrement libre de se « foutre » de mettre un mot sur ce dont il souffre ; par contre, ne pas mettre ce mot sur la chose lui permet de fuir la réalité : il a été abandonné par sa femme. Nous retrouvons ici ce qui se passe avec les victimes de violence qui minimisent ce qu'elles ont subi et sont même capables de nier le fait qu'elles ont subi une agression. Jacques n'a pas été abandonné, sa femme l'a quitté pour au moins une bonne raison – il travaillait trop –, et il peut « comprendre son attitude » : elle est partie pour ne plus revenir et lui se retrouve seul, mais cela est tout sauf un abandon...

Une autre attitude de fuite possible consiste à juger : Jacques pourrait utiliser son mental afin de qualifier le départ de sa femme d'« inacceptable », de « dégueulasse », d'« injuste », tout en continuant à ne pas prendre conscience du fait que cet acte est un acte d'abandon.

Grâce au jeu des questions-réponses auquel il a accepté de se plier, Jacques commence à saisir que son mal-être, d'une part, n'est pas nouveau – c'est simplement qu'il en prend conscience maintenant – et, d'autre part, n'est pas lié à la séparation en tant que telle mais bien plus au fait qu'il s'est senti rejeté par sa femme qui l'a quitté. En poursuivant sa réflexion, il entrevoit bientôt que cette séparation n'est que le dernier épisode d'une longue série d'autres qui ont jalonné sa vie. Nous pourrions imaginer qu'au fur et à mesure que Jacques prend conscience de cela, il devient clair et évident pour lui qu'il souffre d'abandonnite. Il n'en est rien ! À aucun moment cette idée ne l'effleure. Réalisant cela, et sachant que sans une telle prise de conscience Jacques n'avancera pas vers le mieux-être et ne progressera pas dans sa vie affective, je lui pose la question suivante: « Quel acte semblable ont posé toutes ces femmes avec qui vous aviez une relation et avec qui la relation s'est terminée ? » Il a fallu cette question pour le moins ciblée pour que Jacques accepte de réaliser que toutes ces personnes l'avaient bel et bien *quitté*. Peu importe que le mot « abandon » soit ou non prononcé. Il est par contre très important que la personne réalise qu'un événement a eu lieu au cours duquel quelqu'un l'a « quittée », « laissé tomber », « ignorée », « rejetée ». Oui, cet acte a bien eu lieu et lui a été imposé, ou il se l'est imposé à lui-même. Cet acte a un nom et il est bien réel. Au même titre qu'il est important qu'une victime accepte de reconnaître qu'elle a été frappée par son conjoint, il est essentiel que l'abandonnique réalise qu'il a bel et bien été *abandonné par* l'autre.

Nous n'en sommes pas encore au stade de la découverte de l'abandon initial, celui de la prise de conscience de l'iceberg que cache l'événement actuel. Nous en sommes au moment de l'initiation à une démarche visant à aboutir, à plus ou moins long terme, à la découverte d'un événement premier; démarche qui doit permettre à l'abandonnique d'aller de l'avant dans la guérison définitive de son abandonnite. Nous n'en sommes encore qu'au niveau intellectuel de l'acceptation, avec le cerveau, du fait qu'il y a eu un acte d'abandon, même si le mot n'est pas celui qui est utilisé.

Reconnaître les émotions liées à l'abandon

Du fait de notre mental, le mot « abandon », ou ses synonymes, peut rester un simple mot et n'être relié à aucune émotion. Je suis toujours étonné de notre capacité à prononcer des mots sans ressentir du tout l'émotion qui se trouve derrière. L'abandonnique ne fait pas exception à cette règle. Après avoir accepté intellectuellement qu'il a été quitté ou abandonné par l'autre, il a l'impression (ou il fait semblant !) d'en avoir terminé avec son traitement. Il n'en est évidemment rien, car une reconnaissance intellectuelle n'est en aucun cas synonyme de mieux-être. Prononcer les mots « plaies ouvertes », pour une blessure provoquée par une arme blanche, dit simplement à la personne qui souffre de cette blessure qu'elle présente une plaie ; en aucun cas ce constat ne décrit les dégâts que cache cette plaie, encore moins il ne dit que cette plaie est soignée. Il va donc falloir que la personne souffrante se pose la question de *ce qu'elle ressent comme émotion*.

Que peut-on ressentir lorsque l'on est abandonné ou que l'on se sent abandonné ? Le mot « ressentir » est très souvent interprété par la personne comme une invitation à dire ce qu'elle *pense* du fait qu'elle a été abandonnée. Elle va par conséquent partir dans une grande diatribe sur ce qu'elle pense ou ne pense pas par rapport à cet acte. Si elle réalise que la question posée ne concerne pas ce qu'elle pense, mais bien ce qu'elle *ressent*, un silence règne souvent, car pas plus que la plupart d'entre nous elle n'est habituée à se pencher sur ses émotions, trop occupée à réfléchir avec son brillant mental.

Après ce moment de silence, un autre type de réponse est parfois fait : « Je me sens abattu, fatigué » ou « Je suis sans ressort, comme épuisé », ou encore : « Je me sens démotivé. » Il arrive aussi que la personne décrive ce dont elle souffre sur le plan physique. Il faut alors la rendre attentive au fait qu'elle vient d'énumérer une série de symptômes qui sont autant de signes que son corps lui adresse afin d'attirer son attention sur une tension résultant de ce qu'elle ne s'autorise pas à ressentir et à vivre certaines émotions. La question s'impose alors naturellement : « Que ressentez-vous ? » Deux réponses sont possibles, car il n'y a pas pléthore de familles d'émotions : la tristesse ou la colère. En se penchant sur le sujet de façon intellectuelle (puisque nous en sommes toujours à ce niveau !), l'abandonnique, par réflexe, se refuse le droit d'être triste : « Je n'ai pas pour habitude de m'apitoyer sur moi-même », dit-il ; il ne s'autorise pas davantage à être en colère « Je ne suis pas quelqu'un de colérique. » S'il accepte d'avancer dans sa réflexion, la tristesse va souvent lui apparaître comme plus acceptable - car mieux acceptée ! - que la colère. Il va cependant minimiser sa tristesse ; il dira, par exemple, qu'il est triste « mais pas énormément » ou que sa tristesse n'est pas assez importante pour qu'il pleure. Toutes les excuses lui sont bonnes pour ne pas accepter réellement et franchement que l'acte d'abandon qu'il a subi génère inévitablement de la tristesse.

Inutile de dire que, vis-à-vis de la colère, le mental va se déchaîner. En fait, il va tout faire pour nier cette émotion qui est pourtant au cœur de tout abandon. Tout d'abord, le mot « colère » est souvent repoussé avec force ; il est en effet « trop fort » pour beaucoup de personnes. La colère a une connotation négative, et elle est trop souvent associée à la violence verbale ou physique dont sont victimes nombre d'enfants et d'adultes. En réalité, la colère est confondue avec la rage. Il est pourtant essentiel de faire la différence entre l'émotion de colère et la rage qui est, elle, une construction de notre mental. La famille des colères est absolument nécessaire à la vie de l'individu, au même titre que la famille des joies et celle des tristesses. L'enfant qui vient de naître n'éprouve ni peurs ni remords, il n'exprime aucune rage, pas plus qu'il ne fait de dépression nerveuse, tout simplement parce que son mental n'existe pas.

C'est au fur et à mesure que le mental de l'enfant se développe que les crises de rage apparaissent dans sa vie. En effet, sous la pression de l'éducation et des règles lui interdisant de se mettre en colère (des règles nourrissant le mental), l'enfant va réprimer sa colère, jusqu'au moment où, n'en pouvant plus, il explose et fait une crise de rage, ce qui est fort violent et destructeur. Juste après, l'enfant se sent coupable et s'excuse, il essaie de se contrôler et réprime encore plus ce qu'il ressent, jusqu'à la prochaine fois... Nous sommes ici dans un cercle vicieux dirigé et animé du début jusqu'à la fin par le mental. Il en va bien entendu de même pour l'adulte parent qui fait subir des crises de rage à son entourage et marque ainsi à vie ses enfants. Cette rage n'a *rien à voir* avec la colère dont l'expression, comme nous le verrons, ne porte atteinte à l'intégrité physique et psychique de personne et se fait dans la solitude à seule fin de se faire du bien.

Il est souvent utile d'expliquer tout cela à l'abandonnique afin qu'il comprenne que la colère est dénuée de toute violence et qu'il est absolument normal, et même nécessaire, qu'un être humain ressente cette émotion. Néanmoins, la personne préfère la plupart du temps d'autres termes qui sont moins « chargés », tels que « rogne »,

« contrariété », « énervement », « exaspération », « ressentiment ». Le choix des mots importe peu, pourvu que l'individu accepte de reconnaître qu'il éprouve une émotion de la famille des colères face à ce qu'il a subi. Reconnaître qu'avoir été rejeté ou abandonné puisse engendrer de la tristesse et de la colère est en soi une étape importante sur le chemin de la guérison, mais ne veut pas dire pour autant que l'abandonnique s'accorde le droit de ressentir ces émotions...

S'accorder le droit d'avoir des émotions, de les ressentir et de les exprimer

Nous avons vu que l'abandonnique a de la difficulté à s'autoriser à ressentir de la tristesse, qu'il a tendance à la minimiser en disant qu'elle a peu d'importance et qu'elle est insuffisante pour qu'il pleure. L'abandonnique va avoir encore plus de difficulté à reconnaître la colère qu'il éprouve envers une personne aussi proche et importante que sa mère, son père, ou ceux qui lui ont servi de parents. Il n'est en effet pas concevable de nourrir une colère aussi forte envers des gens que l'on est censé respecter et aimer. Ressentir de la colère est équivalent à se conduire comme un individu égoïste, ingrat, qui n'a même pas, comme le dit l'expression populaire, la « reconnaissance du ventre ». Bref, l'abandonnique va se servir de tous les arguments issus de son mental pour se refuser le droit d'être en colère. Une façon d'aider la personne souffrante à accepter sa colère consiste à lui rappeler que les émotions que nous ressentons vis-à-vis de ceux qui nous entourent, tels que nos parents, nos frères et sœurs, notre femme ou notre mari, et nos enfants, sont forcément plus fortes que celles que nous ressentons vis-à-vis de personnes étrangères. Il est par conséquent « logique » que nos joies, nos tristesses et nos colères soient également plus fortes envers ces personnes que celles que nous nourrissons envers d'autres personnes qui ne nous touchent pas d'aussi près.

Il est capital que l'abandonnique s'accorde le droit d'être en colère et triste d'avoir été abandonné. Toute son éducation ainsi que tout son vécu lui ont refusé ce droit jusqu'à présent. Et il est essentiel qu'il *se donne* ce droit plutôt que de l'attendre des autres, ce qui est son premier réflexe. Il a en effet tendance à désirer en parler à l'autre afin que ce dernier l'approuve et lui donne raison de ressentir cette émotion. Or, il est évident que l'autre soit ne va pas lui reconnaître ce droit, soit va le lui reconnaître mais en le minimisant et en lui demandant d'en faire autant : « Je comprends que tu sois en colère, mais pas à ce point ! » De plus, l'autre va souvent disposer d'excuses convaincantes, et réelles pour lui, qui risquent fort de faire replonger la personne souffrante dans son refus de ressentir les émotions liées à ce qu'elle a vécu.

Dans tous les cas de figure, l'abandonnique va devoir faire taire son mental afin de se laisser vivre tel qu'il est et de s'autoriser à ressentir des émotions de colère et tristesse. C'est un grand travail d'Amour de lui-même qui lui est demandé, d'autant plus difficile qu'il n'a pas eu pour habitude de s'accorder beaucoup d'amour jusqu'à ce jour. Il va par conséquent falloir qu'il soit patient avec lui-même et s'attende à ce que sa progression vers la guérison soit parfois cahotante et le conduise temporairement à la rechute.

Ressentir les émotions générées par l'abandon

La prise de conscience intellectuelle du fait qu'il y a eu ou qu'il y a abandon est un pas important mais ne représente en aucun cas une finalité en soi. Une prise de conscience est nécessaire au niveau des « tripes ». S'accorder le droit de ressentir de la tristesse et de la colère est un pas en avant merveilleux, mais cela n'est pas synonyme de guérison, loin s'en faut. Pour pouvoir ressentir une émotion il faut impérativement se trouver dans l'ici et maintenant de son corps physique et sensoriel. On ne peut en effet ressentir demain ou hier. Pour ce faire, il faut faire taire son mental, et cela de façon répétée. Ce dernier a en effet beaucoup de cordes à son arc et nombre d'arguments à présenter à l'abandonnique. Regardons de plus près deux des ficelles qu'il utilise pour nous empêcher de ressentir nos émotions.

Notre mental nous reproche de juger. Or, ressentir une émotion telle que la colère contre une personne donnée n'est en aucun cas un jugement porté sur cette personne. *Ressentir n'est pas juger !* Le jugement est issu du mental, alors que l'émotion, qui est ressentie, ne peut exister que lorsque le mental a cessé d'intervenir. Ce n'est que lorsque nous sommes dans notre mental que nous dévalorisons, portons des jugements ou déprécions l'autre ; cette voie est celle de l'intolérance, de la violence et de l'exclusion. Cela n'a rien à voir avec l'émotion ressentie qui résulte d'un acte d'amour que la personne s'accorde à elle-même et qui, nous le verrons, ne peut déboucher sur de la violence dirigée contre l'autre. Il est très important de faire cette distinction, car très souvent l'abandonnique s'interdit de ressentir une quelconque colère contre celui ou celle qui l'a abandonné au nom de la grande règle : « Tu dois respecter ton prochain. » Certes, ce principe est louable, mais ressentir de la colère contre son prochain ne signifie absolument pas ne pas le respecter ; au contraire, le juger est un acte de non-respect et de non-Amour.

Notre mental nous reproche également *la force de nos émotions*. En effet, les personnes qui nous entourent déclenchent souvent en nous des émotions beaucoup plus fortes que celles que nous ressentons envers des individus que nous connaissons très peu. Cette autre réalité, qui peut le freiner dans son désir de ressentir, s'impose à l'abandonnique : « Comment puis-je éprouver autant de haine à l'encontre d'un de mes proches ? C'est anormal ; par conséquent, il faut que je me retienne et me l'interdise », se dit-il.

La puissance du mental est manifeste dans ces deux exemples : il utilise toutes les voies qui sont à sa disposition pour empêcher l'abandonnique de ressentir ses émotions de colère et de tristesse. Pour cette raison, l'abandonnique va devoir le faire taire à chacune de ses tentatives de réapparition. Cela peut paraître fastidieux, ce qui est une autre tentative du mental de jouer son rôle de frein. Il faudra donc à l'abandonnique beaucoup de persévérance et le désir profond de continuer à se respecter et à s'aimer afin de poursuivre sur la voie de la guérison.

Exprimer les émotions générées par l'abandon

Reconnaître et ressentir ses émotions sont des pas en avant importants que l'abandonnique fait dans le processus de sa guérison, mais ils ne lui permettront pas à eux seuls de parvenir à celle-ci. Pour le comprendre, prenons l'exemple que je donne souvent à mes patients : je vais vers eux en leur déclarant que je suis malade et que j'ai envie de vomir parce que j'ai mangé des huîtres avariées dans un restaurant. Que vont-ils me conseiller ? Sans hésitation, la majorité me répond : « Allez vomir, cela vous fera du bien. » Comme ils sont polis, ils n'ajoutent pas : « Allez le faire dans les toilettes, non au milieu de mon salon ! » Reconnaître que je suis malade et savoir pourquoi, en ressentir les effets dans mon corps et en parler aux autres éventuellement ne sont nullement synonymes de mieux-être ou de guérison ; seul l'acte de vomir me permettra de me sentir mieux. Faire cette distinction est essentiel. Beaucoup de thérapies permettent en effet aux personnes en souffrance de reconnaître et de parler ouvertement de leur mal-être et de sa provenance ; beaucoup de thérapies leur permettent de ressentir leur tristesse et leur colère. Mais la plupart soit ne vont pas plus loin, soit utilisent des techniques recourant au mental afin de transformer les « énergies négatives » en « énergies positives ». Pour cette raison, toutes sont potentiellement dangereuses, car elles ne permettent aucunement à la personne souffrante de se libérer de sa souffrance qui est causée par le blocage, en elle, de l'émotion par le mental. Comprendre n'est pas l'équivalent d'exprimer, la compréhension ainsi que le fait de ressentir n'ont jamais amené à la guérison. Je rencontre depuis vingt ans, dans mon cabinet et ailleurs, des êtres ayant suivi un long parcours afin de comprendre l'origine de leur mal-être, mais qui ne vont pas mieux du tout. J'ai ainsi reçu une femme, suivie par un psychiatre depuis douze années, et souffrant d'un double cancer du sein ; de même, un homme souffrant d'une dépression depuis dix ans, qui était pourtant suivi depuis le début par un thérapeute pratiquant une spiritualité de nature contemplative. Les deux étaient capables de m'expliquer brillamment pourquoi ils souffraient et pourquoi ils avaient été incapables de ne pas tomber malades ou d'avancer vers un mieux-être.

Certes, les thérapeutes sont responsables de ce en quoi ils croient et des certitudes qu'ils «vendent» à leurs patients, mais ce sont ces derniers qui sont responsables de refuser ou d'accepter ces certitudes et de refuser ou d'accepter de passer à l'étape suivante. Il se trouve malheureusement que leur ego surdimensionné les en empêche souvent. Il est en effet plus facile d'expliquer les tenants et aboutissants de son mal-être dans un salon, tout en continuant à ingérer des antidépresseurs ou d'autres calmants, que de se forcer à se rendre dans une forêt pour y vomir sa colère ! Force est de constater, pourtant, que dans le premier cas la personne continue le plus souvent à souffrir, et que dans le second elle se trouve sur le chemin de la guérison. En cela réside toute la différence entre une personne qui n'exprime pas ses émotions et une autre qui s'accorde le droit de le faire.

Mais comment exprimer ses émotions ? Cette question ne peut être posée que par un adulte. Un nourrisson ou un enfant en bas âge ne peut la poser, car lui sait, de façon innée, comment faire. Or, nous avons tous été un nourrisson ! Mais notre éducation nous a appris que, lorsque nous ressentons de la tristesse ou de la colère, il est inutile de les exprimer, parce que cela ne fait pas avancer les choses. Du fait de cette éducation, notre mental occupe donc de nouveau le devant de la scène et nous inhibe dans notre capacité innée à exprimer notre tristesse ou notre colère.

La première étape va donc consister à éteindre notre mental et à *nous remettre dans notre corps physique et sensoriel.* Il peut paraître illogique de devoir se remettre dans le moment présent pour exprimer une émotion liée à un événement du passé, mais souvenons-nous que même si l'événement appartient au passé, l'émotion n'ayant pas été vécue est encore «incrustée» dans notre être au présent. Il est par conséquent essentiel de revenir dans l'ici et maintenant afin de se permettre de prendre contact avec l'émotion bloquée par le mental.

À présent que nous nous retrouvons dans notre corps physique et sensoriel, il est possible de passer à la deuxième étape : *laisser remonter une scène du passé,* au cours de laquelle nous ne nous sommes pas autorisés à vivre nos émotions. Il est important de s'arrêter à la première scène qui revient en mémoire et de résister au mental qui va essayer de présenter d'autres scènes. Un des pièges consiste à décrocher de cette scène, qui peut paraître au premier abord incongrue, au profit d'autres scènes, et de se perdre ensuite dans l'analyse afin de déterminer quelle est la plus significative. Bien évidemment, pendant ce temps, l'expression de l'émotion ne se fait pas et ne peut se faire. En admettant qu'après analyse le choix se porte sur une autre scène que celle qui a surgi en premier, il y a fort à parier que celle-ci sera beaucoup moins révélatrice que la première, apparue sans aucune intervention de la volonté ni du cerveau. C'est en tout cas ce que l'expérience pratique avec mes patients m'a enseigné au cours de dix années de stages OGE.

Prenons un exemple pour illustrer cela : Joseph est très en colère contre sa mère qui l'a envoyé en pension à l'âge de six ans dans un pays étranger. Il a déjà exprimé de nombreuses fois ce qu'il éprouve, mais il continue de nourrir de la colère au fond de lui et, surtout, il continue de se conduire avec les femmes en véritable abandonnique. Il ne comprend pas, mais accepte de faire les exercices proposés. À l'occasion de l'un de ceux-ci lui revient une scène dans laquelle son père est le personnage principal. Plutôt que de s'arrêter à ce souvenir, Joseph choisit une autre scène qui se présente à lui ensuite et dans laquelle sa mère est présente. Il agit ainsi parce qu'il n'en veut aucunement à son père et ne ressent aucune colère à son égard ; bien au contraire, il estime que celui-ci l'a protégé de l'attitude agressive de sa mère. Discutant de cela avec lui, je lui suggère de revenir à la scène avec son père et de se permettre de la revivre. L'expérience m'a appris que *si un souvenir remonte à la surface, c'est toujours parce qu'il revêt une grande signification* même si notre être conscient l'ignore. En s'autorisant à revivre cette scène, Joseph découvre que la personne qui se trouve à la racine de son sentiment d'abandon est en réalité son père et non sa mère. Bien entendu, la colère qu'il éprouve contre sa mère est bien réelle et l'avoir exprimée était absolument nécessaire ; par contre, cela ne résolvait pas le problème de Joseph puisque sa mère n'était pas à l'origine de son sentiment d'abandon. Ainsi Joseph se trouvait-il réduit à tourner en rond avec la colère « intarissable » qu'il croyait provoquée par sa mère ; du même coup, il bloquait, avec son mental, toute autre possibilité de ressentir cette émotion vis-à-vis d'une autre personne, à commencer par son père contre qui une analyse rationnelle et logique lui disait qu'il ne pouvait pas éprouver de colère. C'est en faisant taire son mental et en se laissant aller à exprimer ses émotions que Joseph va vraiment guérir de son abandonnite. Aucune analyse intellectuelle, pas plus que son psychologue, n'aurait pu amener Joseph à cette conclusion. Ce qui tend à montrer qu'éteindre son mental permet d'atteindre des niveaux de conscience bien plus élevés que ceux que peuvent atteindre l'analyse intellectuelle ou des méthodes de maîtrise du mental.

L'autre piège tendu par le mental réside dans la peur de voir resurgir une scène que l'on ne sera pas à même d'affronter. La personne craint donc de se retrouver plus mal après l'exercice qu'avant. Cette peur existe chez l'abandonnique, mais elle existe aussi chez les thérapeutes ou les personnes qui ont l'habitude de fréquenter ou d'organiser des ateliers ou des réunions de croissance personnelle. Pour tous ces gens, se permettre, sans contrôle strict, de laisser remonter une scène faisant revivre de la colère ne peut que déboucher sur une décompensation subite et aiguë qui conduit directement la personne dans une unité de soins psychiatriques. Et chacun de présenter et de donner des exemples de personnes à qui cela est arrivé. Cette attitude est la preuve d'une grande ignorance. Je peux la comprendre de la part de l'abandonnique, mais pas de la part de gens prétendant être des professionnels. Elle provient en fait de la peur face à ses propres émotions, ainsi que de l'ignorance de ce qui résulte de l'expression des émotions et de ce que crée la libération émotionnelle ; plus encore, elle revient à faire fi de la sagesse que nous portons tous en nous. *Jamais nous ne nous trouvons face à des émotions que nous ne pouvons vivre*. Les personnes qui doivent être internées à la suite d'une décompensation aiguë sont des individus qui soit ne se permettent pas de vivre leurs émotions, soit ont pu les laisser revenir mais à qui l'on n'a pas permis de les exprimer totalement lors des ateliers évoqués. Au contraire, les personnes qui s'autorisent à exprimer ce qu'elles ressentent, éprouvent un sentiment de libération et une grande détente. Et en dix ans d'expérience, je n'ai pas rencontré une seule personne ayant décompensé pendant un stage OGE.

La troisième étape va consister à *revivre la scène en tant qu'acteur ou actrice* et non en tant que spectateur ou spectatrice. Celui qui revoit ce qui s'est passé se trouve en effet en dehors de la scène, il est à nouveau entre les mains du mental qui se met aussitôt à juger et à dire quelle aurait été la réaction adéquate et opportune. Bref, le mental amène la personne à des conclusions dévalorisantes; surtout, il bloque de nouveau l'abandonnique dans sa marche vers la libération émotionnelle qui est la seule voie de guérison possible. Revivre la scène en tant qu'acteur ou actrice permet de remonter au moment le plus douloureux puis de faire un arrêt sur image; le but est alors de ressentir physiquement dans son corps la boule, le nœud ou toute autre tension qui se manifeste. Cette tension n'est pas de la tristesse ou de la colère, mais l'expression par le corps qu'il existe un blocage de ses émotions par le mental. Les signes donnés par le corps physique peuvent être très légers au départ, mais ils prennent de l'importance au fur et à mesure que le mental perd de son contrôle.

Un des pièges du mental peut alors survenir: l'abandonnique se rend compte que l'émotion qu'il a à exprimer est très forte et violente; il a par exemple envie de tuer ou d'étrangler la personne qui est à l'origine de son abandon. Bien entendu, le mental s'oppose, et il se peut qu'il y ait un blocage total ou partiel; dans ce dernier cas, l'expression de l'émotion a lieu, mais elle est incomplète, c'est-à-dire qu'elle ne va pas jusqu'à la mort virtuelle de l'autre. La totalité, ou une partie de la colère, subsiste donc, ce qui va se manifester par une tension dans le corps: des maux de tête ou des nausées, par exemple. Il ne faut alors surtout pas renoncer, mais bien au contraire continuer de faire taire son mental et reprendre l'exercice.

Ressentir et exprimer ses émotions est un processus très physique: le nœud ou la boule sont ressentis dans le ventre ou dans le thorax, et au fur et à mesure que l'expression se fait, la tension migre, cela jusqu'au moment où la colère ou la tristesse sont totalement exprimées. S'ensuit une libération qui s'accompagne d'un sentiment de mieux-être immédiat; la personne éprouve une grande détente et a l'impression de respirer pleinement, comme si elle jouissait d'une capacité respiratoire agrandie. Une joie intense surgit souvent à ce moment-là. Une sensation de grande fatigue physique peut aussi survenir, mais celle-ci n'a rien à voir avec la fatigue psychologique habituelle. Bref, la personne se sent bien et détendue. Il est bon d'insister sur le fait que ce qu'elle ressent est quasiment instantané, tout simplement parce que le corps, cet ami incomparable, nous dit de suite si nous sommes dans le respect et l'amour de nous-mêmes. Il peut arriver qu'aucune scène ne revienne à la mémoire de la personne, mais que celle-ci ressente tout de même des émotions. Il suffit alors de suivre les émotions et le résultat sera le même.

La plus grande force de cet exercice vient de ce que l'abandonnique est toujours capable de revivre la scène qui remonte à la surface. De plus, cette scène constitue ce qui est le plus utile dans le processus d'avancée vers la guérison. Il est étonnant de constater à quel point cette démarche, qui ne repose nullement sur l'analyse mais, au contraire, sur la sagesse profonde qui existe en tout être humain, est performante.

Revenons à Émilie qui parvient à remonter la pente tant physiquement que psychologiquement en s'appliquant à vivre au moment présent et en s'autorisant à reconnaître, ressentir et exprimer ses émotions de tristesse et de colère. Émilie éprouve une « immense » colère contre son mari et ce qu'il lui a fait subir. Dans un premier temps, elle se permet de l'exprimer pour elle-même, quand elle est seule, car cela lui fait du bien. Cela l'aide à pouvoir de nouveau échanger avec son mari afin de régler de façon non agressive et en bonne intelligence des conflits qui existaient entre eux à divers sujets. Elle se sent soulagée de parvenir à cela. Je lui fais remarquer qu'elle a aussi le droit d'être fière d'elle-même, mais il est encore difficile pour elle d'accepter qu'elle puisse être heureuse de ce qu'elle a entrepris. De plus, elle me dit qu'elle éprouve toujours beaucoup de colère contre son mari. Elle a l'impression qu'il s'agit d'un puits sans fond. Un jour, comme elle pratique l'exercice d'expression des émotions, une immense haine contre son père surgit. Ce dernier, un homme très autoritaire et violent, et souvent ivre, terrorisait sa mère. Il est même arrivé qu'il batte celle-ci sous les yeux d'Émilie. Dans ce contexte, Émilie avait développé une haine profonde de son père, décédé à présent. Ce décès ne l'avait cependant pas beaucoup touchée, elle n'avait « pas éprouvé grand-chose », se rappelle-t-elle. D'exprimer tout cela lui fait beaucoup de bien, et surtout lui permet de comprendre, non pas de façon intellectuelle, mais en le vivant, que la colère sans fond qu'elle éprouvait contre son mari cachait celle qu'elle ressentait contre son père. La violence de ce qu'elle avait subi lors de sa séparation ressemblait, à ses yeux, à la violence subie par sa mère. Malgré tout cela, Émilie continue à en vouloir à son mari et à son père et n'arrive pas à lâcher prise. Elle s'en étonne et je m'en étonne aussi : en effet, Émilie exprime vraiment ses émotions, elle va d'ailleurs nettement mieux sur le plan physique, mais elle reste très nerveuse et continue d'avoir des problèmes de sommeil même si elle ne prend plus de somnifères.

Elle m'explique qu'elle ne supporte pas de voir ses enfants partir le week-end chez leur père ou aller chez des amis, qu'elle déteste les départs de son nouvel ami, et qu'elle se sent mal chaque fois qu'elle doit quitter un endroit à la fin d'une soirée. La sensation qu'elle ressent alors est une sorte d'angoisse plus ou moins profonde à laquelle elle réagit en étant agressive avec son entourage. Elle s'en rend parfaitement compte, mais elle ne peut se contrôler. Elle n'arrive pas à s'expliquer la raison de ces réactions et les met sur le compte de ce qui s'est passé à la suite du départ de son mari. Elle admet cependant qu'elle avait déjà ces réactions quand elle vivait une vie de couple harmonieuse.

Émilie décide alors de participer à un stage OGE au cours duquel un exercice sur les émotions est proposé. Lors de cet exercice, Émilie se retrouve peu de temps après sa naissance, à l'époque où, placée chez sa grand-mère par sa mère qui travaillait dans l'entreprise familiale, et se sentant totalement abandonnée, elle a refusé de manger et a failli mourir. Après avoir essayé plusieurs traitements qui avaient tous échoué, le pédiatre avait conseillé aux parents de reprendre leur fille chez eux ; très vite, Émilie avait recommencé à s'alimenter correctement. Remontant à cet événement, Émilie a pu ressentir la très grande colère qui s'y trouvait liée. Elle a ensuite pu l'exprimer, ce qu'elle a fait seule et qui lui a fait beaucoup de bien. Émilie a alors fait un grand pas en avant vers le mieux-être et la guérison de son abandonnite.

Comme tout parcours vers la guérison, celui de l'abandonnique est souvent long, rempli d'imprévus et de surprises. L'abandonnique doit s'armer de patience et s'accorder le droit de ne pas être parfait.

Au cours de sa recherche, il va découvrir des événements, souvent profondément enfouis en lui, auxquels il « ne pensait plus », mais qui sont pourtant lourds d'émotions qui, une fois libérées, le conduiront vers un mieux-être dans tous les aspects de sa vie. Toute cette démarche est une preuve d'Amour qu'il s'accorde et qui ne peut déboucher que sur une prise de conscience essentielle : « Je suis aimable. »

Conclusion : tout est Amour

L'abandon ressenti et subi par l'abandonnique dans le passé est un acte d'une immense barbarie. La violence de celui qui abandonne est d'autant plus grande qu'elle s'adresse le plus souvent à un être totalement dépendant sur tous les plans : un fœtus, un nourrisson, un enfant en bas âge. Cet être ne demande qu'à être aimé de façon inconditionnelle, c'est-à-dire sans aucune limitation, quelle qu'elle soit. Il sait de façon innée qu'il ne peut croître harmonieusement sans être entouré d'amour. Nous avons vu ce que le manque d'amour produit : beaucoup de souffrance, un développement physique et psychique ralenti, et éventuellement la mort. Pour les enfants qui n'ont pas choisi de quitter cette terre, reste la possibilité de connaître un amour conditionnel ou une absence d'amour. Confrontés à ce choix qui, en fait, n'en est pas un, ces enfants victimes d'abandon ou de rejet ont la possibilité de se protéger en se forgeant une carapace qui va leur permettre de traverser l'enfance et une partie de l'adolescence. L'enfant comprend en effet très rapidement qu'il ne peut vivre sa colère sans s'attirer encore plus de brimades et de coups physiques ou psychiques ; il comprend également très vite qu'il n'est pas de taille à lutter contre le manque d'amour. Cette carapace a un nom : le mental, ou l'ego, que j'appelle également le « petit vélo ». Se fabriquer un mental est un acte d'amour que l'enfant s'accorde à lui-même ; en le faisant, il se donne le droit de survivre dans un monde hostile, dominé par des adultes qui font ce qu'ils peuvent avec leurs propres limitations dans des sociétés de plus en plus bridées, policées et formatées. L'enfant, grâce à son mental, peut ainsi faire face au manque d'amour inhérent à des sociétés développées par des adultes qui ont eux-mêmes manqué d'amour et en manquent souvent encore. Son mental lui permet de limiter l'impact du non-amour tout au long de sa croissance et de son avancée vers l'indépendance matérielle, c'est-à-dire le moment où il pourra subvenir à ses besoins par ses propres moyens. Bien évidemment, cette lutte et cette protection ont un prix : l'abandonnite.

Petit à petit, au cours de la croissance, l'outil qui a aidé l'enfant à survivre devient inutile et même néfaste. Le mental met en effet un frein puissant au développement harmonieux, à la Vie et au bien-être. Il faut alors le remercier pour ce à quoi il a servi, et le remplacer par la seule force qui permet à l'être humain d'exister : l'Amour.

Il appartient à la personne victime d'abandon de poursuivre sa quête d'amour. N'ayant pas reçu cet amour des autres, ou ne l'ayant reçu qu'incomplètement, elle doit se l'accorder à elle-même. Certes, cette quête est universelle, mais elle est encore plus importante et difficile pour celui qui n'a pas reçu l'amour auquel il avait droit dès sa conception. Le chemin est difficile, jonché d'obstacles, mais il est praticable : ce qui a été programmé à un moment donné de la vie peut être déprogrammé à un autre moment. La seule partie qui ne peut être ni programmée ni déprogrammée est notre noyau fondamental. Ce noyau, qui constitue la base de notre Être profond, fonctionne sans intervention aucune du mental ; une seule force l'anime : l'Amour. C'est l'amour qui va permettre à l'abandonnique de se lancer sur le chemin de la guérison : s'autoriser à reconnaître que la souffrance existe est en effet un signe d'amour ; s'autoriser à accepter ses émotions face à ce qui a été subi et vécu est aussi une preuve d'amour que l'abandonnique se donne à lui-même ; ressentir et exprimer sa colère et sa tristesse est une nouvelle preuve d'amour que l'abandonnique peut s'offrir en cadeau.

C'est ainsi que, progressivement, l'abandonnique va parvenir à s'accorder la considération, le respect et l'amour qui lui sont dus depuis toujours. C'est en se donnant tout cet amour que l'ancien abandonnique parviendra lui-même à faire rayonner l'amour autour de lui et ainsi à pardonner à ceux qui ne le lui ont pas donné.

Ce parcours initiatique est certes difficile, mais il est aussi plein d'espoir. Ce que j'ai écrit dans ce livre m'a été enseigné par toutes les personnes que ma vie personnelle et professionnelle m'a permis de croiser. Qu'elles en soient remerciées du fond de mon cœur.

Notes et références

1. *Le Petit Larousse illustré*, Paris, Larousse, 2007.

2. Voir la partie intitulée « "Le mental" : définition ».

3. Jean LAPLANCHE et J.-B. PONTALIS, *Vocabulaire de la psychanalyse*, Paris, Presses Universitaires de France, 1971, p. 273.

4. Jacques POSTEL, *Le Dictionnaire de psychiatrie et de psychopathologie clinique*, Paris, Larousse, 1998.

5. Serge REVEL et Chantal LACOMME, *Psy : Dictionnaire pratique et thématique de psychiatrie, psychanalyse et psychothérapie*, Paris, Ellipses, 2005.

6. Dominik P. PURPURA, « Consciousness », *Behavior Today*, vol. 27, 1979, p. 437-448, cité dans Thomas VERNY et John KELLY, *La Vie secrète de l'enfant avant sa naissance*, Paris, Grasset, 1982.

7. Dennis SCOTT, « Effects of different stresses, follow-up study from birth of the effects of prenatal stresses », *Developmental Medicine and Child Neurology*, n° 15, 1973.

8. Technique permettant de remonter à des événements vécus dans le passé et de les faire revivre à la personne au présent.

9. Ingeborg BOSCH BONOMO, *Guérir les traces du passé,* Montréal, Les Éditions de l'Homme, 2005, p. 127.

10. David CHAMBERLAIN, *The Mind of your Newborn Baby,* Berkeley (Californie), North Atlantic Books, 1998.

11. Boris CYRULNIK, *De Chair et d'Âme,* Paris, Odile Jacob, 2006, p. 28.

12. H. F. HARLOW, « Age-mate or peer affectional system », dans D. S. LEHRMAN, R. A. HINDLE et E. SHAW (éd.), *Advances in the Study of Behaviour*, New York, New York Academic Press, vol. 2, 1969, p. 333-383.

13. Rosette POLETTI, « Les Deuils dans l'enfance », *Abstracts Neuro et Psy,* n° 169, septembre 1997, p. 15-30.

14. H. ANISMAN, M. D. ZAHARIA, M. J. MEANEY, Z. MERALI, « Do early-life events permanently alter behavioral and hormonal response to stressors ? », *International Journal of Developmental Neuroscience,* vol. 16, n° 3-4, 1998, p. 149-164.

15. Daniel DUFOUR, *Les Tremblements intérieurs,* Montréal, Les Éditions de l'Homme, 2003, p. 127.

16. J'ai développé le thème des « pensées dans le vide » dans mon premier ouvrage, *ibid.,* chapitre 3.

17. Voir la partie intitulée « Être son propre guérisseur », au chapitre 5.

18. John BRADSHAW, *Retrouver l'enfant en soi,* Montréal, Les Éditions de l'Homme, 2004, p. 77.

19. Catherine MEYER, *Le Livre noir de la psychanalyse,* Paris, Les Arènes, 2005 ; Jacques-Alain MILLER, *L'anti-livre noir de la psychanalyse,* Paris, Le Seuil, 2006.

20. James HILLMAN, *Le Code caché de votre destin,* Paris, J'ai lu, 2003, p. 50.

21. Daniel DUFOUR, *Les Tremblements intérieurs, op. cit.* ; *Les Barrages inutiles,* Montréal, Les Éditions de l'Homme, 2005.

22. Daniel DUFOUR, *Les Barrages inutiles, op. cit.*

Stages « Oge : à l'envers de l'ego »

Ce livre vous a plu ?
Vous avez envie d'aller plus loin ?

Vous avez la possibilité de mettre en pratique les recommandations faites par le Dr Daniel Dufour dans son livre, lors de stages qu'il organise dans ce but précis, soit les Stages « Oge : à l'envers de l'ego ».

Pour de plus amples renseignements, vous pouvez consulter le site Internet :

www.oge.biz,
ou contacter Oge :
Tél. : + 41 79 754 81 11
Téléc. : + 41 22 840 44 52
Courriel : info@oge.biz

Table des matières

Suivez-nous sur le Web

Consultez nos sites Internet et inscrivez-vous à l'infolettre pour rester informé en tout temps de nos publications et de nos concours en ligne. Et croisez aussi vos auteurs préférés et notre équipe sur nos blogues !

EDITIONS-HOMME.COM
EDITIONS-JOUR.COM
EDITIONS-PETITHOMME.COM
EDITIONS-LAGRIFFE.COM

MARQUIS
Marquis imprimeur inc.

Québec, Canada
2012

Achevé d'imprimer au Canada
sur papier Enviro 100% recyclé

100%